高等院校
艺术设计专业精品教材

设计构成

Design composition

朱 彦　　　　　主编

刘博敏　胡昊琪
欧细凡　张新月　参编
殷　瑞

中国轻工业出版社

图书在版编目（CIP）数据

设计构成 / 朱彦主编. — 北京：中国轻工业出版社，2023.8
全国高等教育艺术设计专业规划教材
ISBN 978-7-5019-8625-5

Ⅰ.①设… Ⅱ.①朱… Ⅲ.①艺术构成—设计学—高等学校—教材 Ⅳ.①J06

中国版本图书馆CIP数据核字（2016）第303281号

责任编辑：李　红　　　责任终审：劳国强　　　封面设计：锋尚设计
版式设计：锋尚设计　　责任校对：李　靖　　　责任监印：张京华

出版发行：中国轻工业出版社（北京东长安街6号，邮编：100740）
印　　刷：艺堂印刷（天津）有限公司
经　　销：各地新华书店
版　　次：2023年8月第1版第4次印刷
开　　本：889×1194　1/16　印张：7.75
字　　数：208千字
书　　号：ISBN 978-7-5019-8625-5　定价：45.00元
邮购电话：010-65241695
发行电话：010-85119835　传真：85113293
网　　址：http://www.chlip.com.cn
Email：club@chlip.com.cn
如发现图书残缺请与我社邮购联系调换
231104J1C104ZBQ

前言

  党的二十大报告强调坚持和发展马克思主义，必须同中华优秀传统文化相结合，同时要以海纳百川的宽阔胸襟借鉴吸收人类一切优秀文明成果，推动建设更加美好的世界。本教材编写贯彻党的二十大精神，深入解读德国包豪斯设计构成课程的体系内容，并注重将其融入中国高等教育设计学科的本土化实践。通过培养学生的创造性思维与创新能力，引领未来设计师融入全球化的时代潮流，以智慧和创意开拓中国更美好的明天。

  设计构成产生于20世纪初的德国包豪斯（Bauhaus）设计学院，是一种基本的设计思维方法，是现代设计学科的基础理论体系，也是设计学科必修的专业基础课。它通过构造、解构、重构和组合的方式，从抽象形态入手，培养学生对形态的创造力。本书第一章介绍了设计构成的由来、课程的分类与思维方式，以及学习设计构成的目的。第二章主要讲解设计构成的形式美法则。第三章至第五章围绕平面构成、立体构成、色彩构成这三部分核心内容展开，实现了从二维平面到三维空间的过渡，并逐步引入色彩要素，以便于教师分步教学。需要指出的是，设计始终是一门综合性的交叉学科，发挥创意的过程是知识和技能融会贯通的过程，这三部分内容在实际应用时是融合相通的。

  构成是一种"纯粹的形态创造"，而产品设计是一种"有目的的构成"，从功能和使用的角度来确定形态，这两者之间既有区别又有联系。从纯粹的设计构成到实际的产品设计是一个很大的跨越，中间需要有一个过渡环节。因此第六章做了延伸和拓展，侧重讲述设计构成在产品设计中的运用，架构起一座从构成走向产品设计的桥梁。

  本书的编写突出了应用型本科的教学特点，以基础理论知识的讲解为主线，为每一个关键知识点设定实战训练课题。以大量的学生优秀作品为切入点，分析每一个实战训练的目的、要求和优秀作品的创意说明及表现技巧，可以供广大师生学习和参考。

  本书凝聚了作者十年教学和研究生涯的感悟与体会，也汇集了历届优秀学生的灵感和创意，感谢上海电机学院设计与艺术学院全体师生的大力支持！最后，由于作者水平有限，书中如有不足之处，敬请指正。

编者
2023年6月

第一章

设计构成概述

第一节　设计构成与德国包豪斯　　008

第二节　设计构成课程的分类　　008

第三节　设计构成与创造性思维　　009

第四节　学习设计构成的目的　　010

第二章

设计构成的形式美法则

第一节　分割与比例　　012

第二节　调和与对比　　014

第三节　节奏与韵律　　016

第三章

平面构成

第一节　平面构成概述　　018

第二节　平面构成的材料与工具　　018

第三节　平面构成的造型要素　　019

第四节　基本形与骨格　　026

第五节　平面构成的形式　　027

目录
contents

第四章

立体构成

第一节	立体构成概述	048
第二节	立体构成的材料及加工工艺	049
第三节	立体构成的造型要素	051
第四节	立体构成的表现形式	059

第五章

色彩构成

第一节	色彩构成概述	084
第二节	色彩构成的材料与工具	084
第三节	色彩基础知识	087
第四节	色彩的表现形式	092

第六章

设计构成在产品设计中的运用

第一节	产品设计中的点、线、面、体	114
第二节	构成形式在产品设计中的运用	118
第三节	产品形态构思的平面视点	119

参考文献　121

第一章

设计构成概述

学习目的与要求

　　本章讲述了德国包豪斯设计学院的起源及其与设计构成之间的关系；要求学生掌握设计构成课程所包含的三个核心内容，分别是平面构成、立体构成和色彩构成；使学生了解学习设计构成必须具备创造性的思维能力；最终目的是让学生通过设计构成课程所架起的一座桥梁走向后续的专业设计课程。

学习重点

1. 理解包豪斯与设计构成之间的关系
2. 掌握设计构成课程所包含的三个核心内容
3. 了解创造性思维方法
4. 了解学习设计构成的目的

第一节 设计构成与德国包豪斯

"构成"一词来源于德国包豪斯（Bauhaus）设计学院的GES-TALTUNG这个词的译语。设计构成是一种基本的设计思维方法，是现代设计学科的基础理论体系，也是设计学科必修的专业基础课。

包豪斯设计学院于1919年在德国成立，是世界上第一所完全为发展设计教育而建立的学院。"包豪斯"一词是由学校的首任校长瓦尔特·格罗皮乌斯（Gropius Walter，1883—1969）生造出来的，由德语"建造"和"房屋"两个词的词根构成。包豪斯设计学院曾聚集了一批20世纪最伟大的艺术家、建筑师和设计师，他们将各种新的艺术观念带到设计教育领域，经过数十年不懈的努力并加以发展完善，把设计运动推到了一个空前的高度，被视为现代主义设计风格的发源地。

包豪斯设计学院在实践中探索,确立了现代设计的基本观点和教育方向：（1）艺术与技术的新统一；（2）设计的目的是人而不是产品；（3）设计必须遵循自然与客观的法则。

包豪斯设计学院最重要的成就之一就是奠定了设计教育中的设计构成，即平面构成、立体构成与色彩构成的基础教育体系，其教学方式成为世界许多学校艺术教育的基础。包豪斯是现代设计的摇篮,其所提倡和实践的功能化、理性化和单纯、简洁、以几何造型为主的工业化设计风格,被视为现代主义设计的经典风格,对20世纪的设计产生了深远的影响。历经近百年的演变，包豪斯已经成为一个学派、一种设计语言和一种高度探索精神的象征。

第二节 设计构成课程的分类

在设计领域，构成是指将一定的形态元素，按照视觉规律、力学原理、心理特性和审美法则进行的创造性组合。设计构成作为一门传统学科在艺术设计基础教学中起着非常重要的作用，是对学生在进入专业学习前的思维启发与意识引导。

设计构成课程在设置上，通常分为三个部分进行教学，分别是平面构成、立体构成和色彩构成。平面构成侧重二维平面中对于形态的创造性思维训练，立体构成则是基于平面构成的基础之上，将二维平面中的造型活动拓展到第三个维度，色彩构成则是培养学生对于色彩的认知能力、分析能力和表现能力，是同时涉及二维平面和三维立体空间的造型活动。因此，设计构成课程着重培养学生的美感和表现能力，探讨造型设计中美的因素以及设计师所应具备的基本技术知识。要求学生能在艺术科学理论的层面理解形态的本质，将造型的研究推向设计专业应用的高度。从美学的角度出发，将构成的知识融入设计案例，有助于帮助学生从基础构成向设计创作过渡，从而架起构成和设计之间的桥梁。

设计构成课程于20世纪80年代引入我国，迄今已形成较完整的课程体系，被各个艺术和设计院校列为设计专业的核心基础课程，是学生在进入专业设计学习之前的形态表现能力培养的主要课程。要真正学好设计构成，需要在学习构成原理的基础上，理性认识形态，加强平面构成、立体构成和色彩构成之间的横向联系，遵循系统、科学的学习方法。

第三节　设计构成与创造性思维

设计构成是一种思维方法，对于艺术家、设计师、工程师以及艺术和设计院校的学生来说，这种思维方法的训练非常重要。在设计构成的实践中，常常会用到设计联想、意象思维等方法。

一、设计联想

现实生活中每一个人都会产生各种丰富的联想。联想是通过人的视觉或触觉而产生的，视觉的联想还会让人触景生情。心理学家把人类的联想分为两类：一类是相似性联想，另一类是连带性联想。设计形态的想象和创造与相似性联想有很大的关系。在设计构思的过程中，相似性联想可以抛开事物的表层找到事物本质之间的共性，根据事物之间的抽象形状、形式、结构、性质、作用等某一因素或某几个因素的相似而进行联想，深刻揭示事物之间的内在联系和本质。

联想能以新的深层的形象思维把某种思想与信息转化为视觉语言，使心灵意识的不可观变为可观，使概念转化为形象，形成心理上的同构。同构就是相同的构造，人类生活环境的物象都有自己的形状、色彩、结构、属性和作用。不管是自然界的物体，还是人工制造的，都会对人产生不同的心理作用。自然界中有些物质内在的运动和变化具有相似的特征，人们通过这些物象内在的运动和变化的相同构造来领悟真实而永恒的自然。在设计中，设计师也是通过形态内力的作用和运动的相似性，抛开形态的表层，使形态发生内在联系，让观者从中领悟到深刻的设计内涵。联想与同构，能够创作出丰富内涵的视觉语言，是设计师进行形象思维与图形想象必不可少的环节。

二、意象思维

意象是客观物象与心灵感悟的情感意识所产生的心灵形象，也称之为胸中之意象。东方美学思想及审美特征就在于"意"，由于"意"产生了更大的审美空间，达到了源于自然而超越自然的审美境界，是东方美学天人合一的审美境界。从表现形象上说，是建立在似与不似之间的造型观念，不再是对客观对象的描述，而是对所表现的对象有了深刻的理解，对客观物象有了想象和联想。

意象思维给设计带来了丰富的遐想，设计师可以从客观事物中找到意趣的造型，使普通的形象有了更深刻的内容。同样一件事物，不同层次、不同性格的人对其理解是不同的，正因为有了这些不同才产生了造型的个性化，才有了丰富的意象趣味。意象性造型使艺术设计风格丰富，更加趋于个性化，在视觉传递中，鲜明的个性特征和趣味性能使艺术与设计完美的结合。

第四节　学习设计构成的目的

　　设计构成的教学宗旨是让学生学会如何运用构成的基本元素，按照构成的基本规律和法则组合出不同的构成形式，探讨更多的构成组合的可能性，并在视觉、材料和空间运用上展开深入广泛的探讨和研究。

　　构成是研究形式和造型规律的基础课程，单纯化、抽象化和高度概括的形式美是构成的基本特征。对这些基础特征的认识，是从事任何艺术设计都应具备的能力。就像学习写文章时，必须先学习单词、造句、文法，并了解不同的体裁，才能着手写作；学习复杂的数学推导方法，必须先掌握基本的运算法则和数学公式，训练逻辑思维能力一样。如果这个阶段对基础知识的学习不够深入、精细，那么在今后的设计创作活动中就会寸步难行。

　　通过对设计构成进行系统性的强化训练，可以培养学生的创造能力和艺术造型基本功。学习设计构成的目的是在现代设计中更好地应用构成原理。构成是为设计服务的，构成包含在设计之内。作为与人们生活密切相关的现代设计，由于其独特的社会性和功能性，必然会在设计中对美的形式规律加以研究。而一个好的设计师创造出来的产品除了具有一定的使用价值外，还必须注意对形式美的追求，这些都渗透着设计构成的原理。现代设计运用设计构成的原理，可以增强人的审美情趣，给人以启迪与联想，达到耐人寻味的艺术效果。

第二章
设计构成的形式美法则

学习目的与要求

本章讲述了设计构成中主要的形式美法则,使学生能树立对于美的科学评判标准,掌握造型应遵循的相关秩序,以便能运用在平面构成、立体构成和色彩构成的学习与设计实践中。

学习重点

1. 掌握分割与比例,特别是黄金比、费班纳塞数列等的规律和应用
2. 掌握调和与对比,特别是对称的几种类型
3. 掌握节奏与韵律

对于美，不同的人有不同的评判标准。但就大多数情况而言，人的视觉善于接受有规律、有秩序和简洁的形态，并尽可能把混乱的东西进行归类和秩序化，整个造型世界也被赋予秩序与形式，所以美的产生是以秩序为前提的。

虽然人们对于美的标准有不同的主观评价，但是在设计的过程中仍然存在一些设计规律是得到广泛认可的，这就是形式美法则。下面主要从分割与比例、调和与对比、节奏与韵律这三个角度出发，以相关的案例来具体分析。

第一节　分割与比例

一、分割

在平面造型的过程中，能表现的范围并非无限大，例如只限于在绘图纸、画布等上面进行设计，在三维空间也是如此。因此，空间分割的研究就非常重要。例如图书版面设计，如何在一定的空间里把文字、照片或图形组合起来，此时，分割的构成即成为其造型行为的基础。在设计领域，这种例子还有很多。在纯美术领域也是如此，例如图2-1所示，蒙德里安（Mondrian Piet，1872—1944）的构成派艺术画面的分割是其基本的造型行为。

所以，在研究平面构成时，应特别重视垂直和水平的分割，尤其是等分割的情况。等分割分为等形分割和等量分割。等量分割而成的形，在形状上尽管有所不同，但各自的面积必须相等，而等形分割则连分割后的单位形也必须完全相同，是更为严谨的造型行为。假设有一个长方形，如果要把它二等分的话，有种种分割的方法。如果按照对角线来分，可形成两个相同的直角三角形；如果用水平或垂直线来分割，又可形成两个相同的长方形；如果用通过中心点的任意斜线来分割，则可形成两个同形的梯形，如图2-2（a）所示，这些情况都是等形分割。图2-2（b）中这些三角形、长方形、梯形彼此之间虽然形态不同，但是面积完全相同，这种情况就是等量分割，这种分割的特征是，分割以后的形状互不相同，比等形分割更富于变化；但由于面积彼此相等，所以在视觉上一直被看作是同量的形态，给人以均衡感和稳定感。

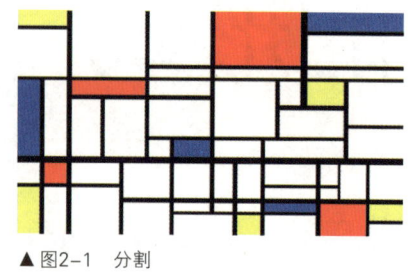

▲ 图2-1　分割

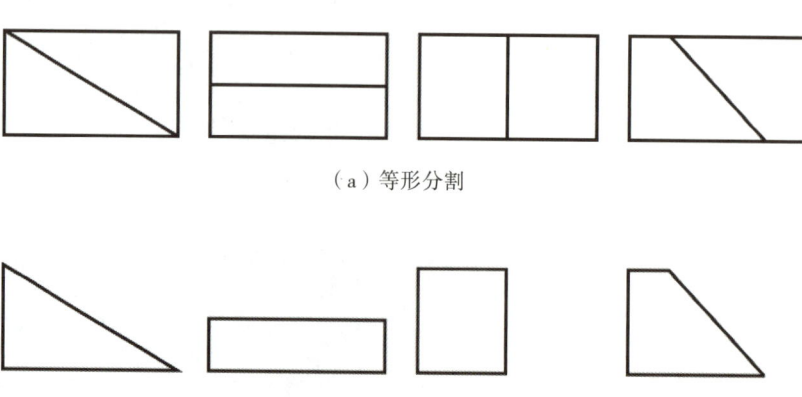

▶ 图2-2　等形与等量分割

二、比例

造型上所谓的比例是量（长度、面积等）的比率。例如，这里有一个长方形时，其长与宽的比率称为该长方形的比例。这时，表现比率的数字越大，便意味着细长的长方形，比率近乎1的话，则又成了近似正方形的长方形。就人的身材而言，如果说"那个人的比例很好"，指的是头部与身长的比率或身体的肥胖程度与身高的比例都给人以漂亮的感觉。那么，这种所谓的"漂亮的感觉"是如何来评判呢，即怎样才是漂亮呢？有一些有用的比例可以作为评价标准。

1. 黄金比（Golden Section）

黄金比是指将整体一分为二，较大部分与整体部分的比值等于较小部分与较大部分的比值，其比值约为0.618。这个比例被公认为是最能引起美感的比例，因此被称为黄金比，是由古希腊的数学家和哲学家毕达哥拉斯（Pythagoras，约公元前580—500（490））提出的。有一天毕达哥拉斯走在街上，在经过铁匠铺前听到铁匠打铁的声音非常好听，而且节奏很有规律，便用数学的方式将这个声音的比例表达了出来。

如图2-3所示，设一条线段AB的长度为a，C点把它分成两段，且AC为b，则b比a就是黄金比。

◀ 图2-3 黄金比

数学推导过程如下：

在线段AB上有点C，使得 BC/AC=AC/AB

$$设 AB = a$$
$$AC = x$$
$$则 (a-x)/x = x/a$$
$$x^2 = a^2 - ax$$
$$x^2 + ax - a^2 = 0$$
$$x^2 + ax + a^2/4 - 5a^2/4 = 0$$
$$(x + a/2)^2 = 5a^2/4$$
$$x + a/2 = \sqrt{5}a/2 \text{ 或 } x + a/2 = -\sqrt{5}a/2$$
$$x = \frac{\sqrt{5}-1}{2} \times a$$

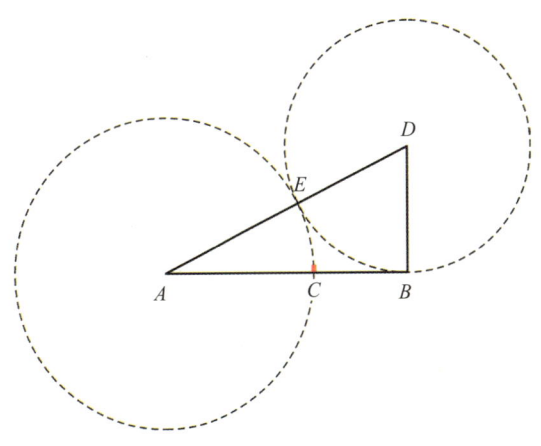

黄金比的作图过程如图2-4所示：

（1）设已知线段为AB，过点B作BD⊥AB，且BD=AB/2；
（2）连接AD；
（3）以D为圆心，DB为半径作弧，交AD于E；
（4）以A为圆心，AE为半径作弧，交AB于C，则点C即为黄金分割点。

▲ 图2-4 黄金比的作图过程

黄金比不仅被广泛运用在绘画、雕塑、音乐、建筑等艺术领域，而且在管理、工程设计等方面都有着不可忽视的作用。

2. 数列

（1）等差数列：等差数列是常见数列的一种，如果一个数列从第二项起，每一项与它的前一项的差等于同一个常数，这个数列就叫作等差数列，而这个常数叫作等差数列的公差，公差常用字母d表示。例如：1,3,5,7,9……2n-1，通项公式

为：$a_n = a_1 + (n-1) \times d$

（2）等比数列：等比数列是指如果一个数列从第二项起，每一项与它前一项的比值等于同一个常数。这个常数叫作等比数列的公比，公比通常用字母q表示（$q \neq 0$），等比数列$a_1 \neq 0$。其中a_n中的每一项均不为0。注：$q=1$时，a_n为常数列，通项公式为：$a_n = a_1 \times q^{n-1}$

（3）费班纳塞数列（Fibonacci sequence）：数学家列昂纳多·费班纳塞（Leonardo·Fibonacci，1170—1240）以兔子的繁殖为例而引入这个数列。费班纳塞数列指的是有这样一个数列，前两项的和等于后一项，这是一种循序渐进的、增加率让人感到舒畅的数列。如0，1，1，2，3，5，8，13，21，……,p，q，p+q，……

特别指出，这个数列从第2项开始，每一项都等于前两项相加之和。

（4）调和数列：调和数列的产生是分数比率的排列，如1，1/2,1/3,1/4……1/n，但由于分数状态很难处理，换成小数点使用起来又很不方便，可以将各数都增加10倍，就变成这样的数列：10，5，3.3，2.5……

这四个数列的变化如图2-5所示。

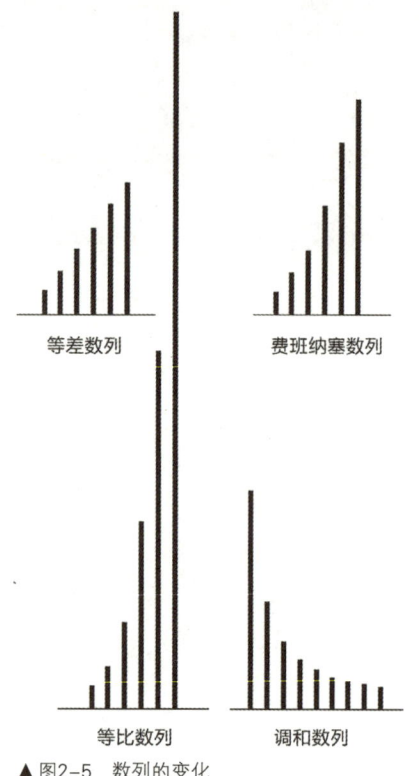

▲图2-5　数列的变化

第二节　调和与对比

对比，是指在质或量方面有区别和差异的各种形式要素的相对比较。在图案中常采用各种对比方法，一般是指形、线、色的对比；质量感的对比；刚柔静动的对比等。在对比中相辅相成，互相依托，使图案活泼生动，而又不失于完整。

调和就是适合，即构成美的对象在部分之间不是分离和排斥，而是统一、和谐，被赋予了秩序的状态。一般来讲对比强调差异，而调和强调统一，适当减弱形、线、色等图案要素间的差距，如同类色配合与邻近色配合具有和谐宁静的效果，给人以协调感。

调和与对比是相对而言的，没有调和就没有对比，它们是一对不可分割的矛盾统一体，也是取得图案设计统一变化的重要手段。

一、平衡

在造型的基础能力中，对平衡的感觉非常重要，这正是支持构图组合的基础性能力。在限定的空间中，将某种形体作何种组合最为有效呢？这是在造型中随处可见的问题，所以优异的平衡感对于造型是极其重要的。

二、对比

在平衡之中，相对于单纯调和型的静态平衡，为形成动态平衡，则必须在画面中制造某些变化，在变化中有许多方法与种类，其中最为强烈的方法是对比。所谓对比，其目的是使几个性质相反的因素产生对比，进而造成紧张感。所谓具有相反性质的因素，有时是指形态，有时是指色彩或质感，甚至是指大小或组合，虽然不能一概而论，但其目的是把异质因素组合起来，造成极端不同的状况，或以某些方法在多种造型材料之间造成差异极大的对比效果。

三、统一

对比由于具有极大的刺激性，无疑是引起视觉快感的重要因素。但是，各种造型材料如果全是零零散散、各行其是的话，那么从整体看来，便无法感觉到高层次的美感。此时便需要某种足以统一画面全局的东西。有机地保持变化与统一，呈现充满生机的状态，才能获得高层次的审美快感，美学上所谓的"多样的统一"便是如此而言。

四、对称

对称源自于希腊文或拉丁文的Symmetria或Symmetrios，由Syn（一起）及metron（测量）合成的词汇，意指从某一位置开始测量，而在同一位置上有相同的形体，对称即此种关系。具体有以下几种对称类型，如图2-6所示。

（1）轴对称：把一个图形沿着某一条直线折叠，如果直线两旁的部分能够互相重合，那么这个图形是轴对称图形，这条直线就是对称轴。轴对称图形有左右对称、上下对称或倾斜一定角度的对称等。

（2）中心对称：把一个图形绕着某一点旋转180°，如果它能与另一个图形重合，那么这两个图形关于这个点对称，也即中心对称图形。

（3）旋转对称：把一个图形绕着某一定点旋转一个角度360°/n（n为大于1的正整数）后，当旋转n次后与初始的图形重合，这种图形就叫作旋转对称图形，这个定点就叫作旋转对称中心，旋转的角度叫作旋转角。其中，旋转90°的图形，称为回旋对称；旋转180°的图形彼此相逆，叫逆对称，也称反转对称。

（4）移动对称：图形按照一定的距离或某种规则平行移动所得到的图形称为移动对称图形。

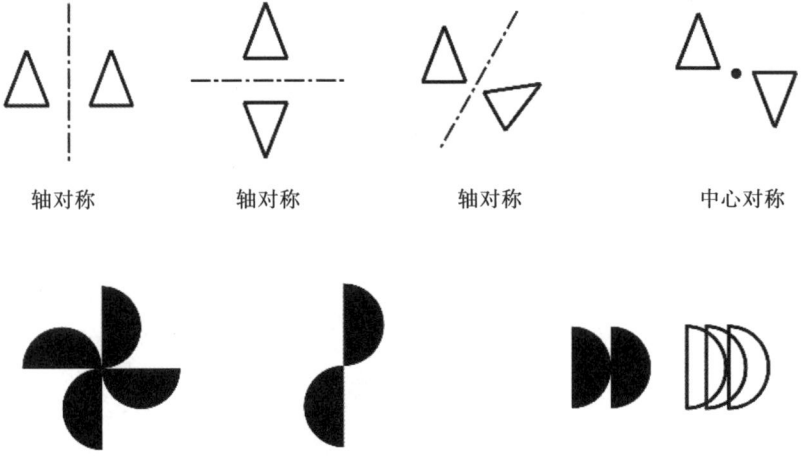

轴对称　　　轴对称　　　轴对称　　　中心对称

回旋对称　　反转对称　　移动对称　　◀ 图2-6　各种对称类型

第三节 节奏与韵律

节奏与韵律是来自音乐的概念，是指按照一定的条理秩序，重复连续地排列成一种律动形式。节奏利用时间的间隔使声音的强弱或高低呈现规律化的反复，从而形成韵律；也指音乐的音色、节拍的长短、节奏的快慢按一定的规律出现，产生不同的节奏。在诗歌方面，由于押韵或由于语言声音的内在音韵，表现出韵律感。

在造型方面，由于造型因素的反复出现而形成了韵律，如图2-7所示。在视觉艺术中是通过线条、色彩、形体、方向等因素有规律的运动变化而引起人的心理感受；有等距离的连续排列，也有渐变、大小、明暗、长短、形状、高低等的排列构成；在构成中为同一形象在一定格律中的重复出现所产生的运动感。

慢节奏　　　　　　　　中等节奏　　　　　　　　快节奏

▲图2-7　节奏与韵律

第三章

平面构成

学习目的与要求

本章讲述了平面构成的基本内涵及学习平面构成的目的。要求学生掌握平面构成中基本造型要素的概念、特征及应用，并能综合运用点、线、面来表现事物；要求学生掌握基本形与骨格的内涵，并能灵活运用基本形与骨格的变化进行平面构成多种形式的设计。

学习重点

1. 掌握点、线、面的概念、特征及应用
2. 掌握基本形与骨格的内涵
3. 掌握重复构成、近似构成、渐变构成、特异构成的设计方法

第一节　平面构成概述

一、平面构成的概念

平面构成是一门视觉艺术，主要研究如何在平面上运用视觉反应与知觉作用形成视觉语言，创造新的视觉形象和视觉形式来表达设计思想。具体说来就是将现有自然形态中的点、线、面、肌理等造型元素，在二次元的平面上，按照一定的秩序和法则进行分解、重组，在设计构成的理念中形成新的理想形态。平面构成也能表现立体空间，但它所表现的空间并非真实的三维空间，仅仅是图形对人的视觉引导作用再生的幻想空间。

二、学习平面构成的目的

平面构成作为设计基础训练，主要是针对二维平面内基本形态的创造和画面构成形式的学习和掌握，着重培养学生的形象思维能力和设计创作能力，为之后的专业设计打下坚实的基础。平面构成是对造型语言、造型方法、造型心理效应等多方面的综合探索，是对形、色的抽象以及对具象形态组合进行研究的活动，也是一种科学的认识论和方法论的体现。平面构成早已成为艺术设计、工业设计等专业的基础必修课，是传统意义所说的"三大构成"之一。

学习平面构成是一种思维方式的训练，其目的是通过训练能最终培养一种造型能力和创造观念，从而开拓设计思路。

第二节　平面构成的材料与工具

平面构成除了要加强理论学习外，还必须要训练动手制作与表现的能力，需要用到的制作工具与材料大致分以下两大类。

一、传统材料与工具

在学习中，制作平面构成作品常用的绘画材料主要有以下几大类。

1. 笔

主要有铅笔、毛笔（叶筋、小白云）、针管笔、钢笔、绘图笔、鸭嘴笔、曲线笔等。铅笔画草稿，型号一般用HB ～2B；毛笔用来填色和勾画一些较粗的线及制造肌理效果；针管笔和绘图笔、鸭嘴笔等用来勾画轮廓线及描绘粗细不同的直线和曲线。

2. 绘图仪器
直尺、三角尺、曲线尺、圆规、软尺等。

3. 纸张
既包括白板纸、白卡纸等较为光滑的纸张，在做肌理效果的时候，还可以用宣纸、高丽纸、毛边纸、水粉纸等来达到特殊的效果。另外旧报纸、废旧金属、胶卷等其他具有颗粒物的材料可以用在技法开拓的作业上，以加强视觉冲击力。

4. 颜料
瓶装浓缩黑色水粉颜料为基本颜料。由于水粉颜料中含有胶水，为了使绘制作业画面更容易均匀、平整、最好进行脱胶。即在颜料中注入较多水分，搅拌均匀后放置一夜，然后将颜料表面多余的胶水吸掉。管装水粉颜料与碳素墨水或黑色墨水混合后使用也有很好的效果。

二、现代化的技术设备在平面构成中的应用

随着时代的发展，越来越多的现代化工具进入了设计表达的视野。利用多媒体、网络等现代技术手段，如电脑、数码相机、复印件、扫描仪等，可进一步加强学生对平面构成的认识，了解平面构成的作用和意义。适当运用计算机辅助设计软件例如Adobe Photoshop、Adobe Illustrator、CorelDRAW Graphics Suite等和其他现代化数字设备来完成设计稿，不但可以丰富设计稿的表现形态和语言，而且可以使学生掌握现代技术的造型方法和技巧，逐步熟练并掌握计算机辅助设计软件的运用能力。

第三节 平面构成的造型要素

一、点

1. 点的概念
在几何学上，点只有位置，不具有大小。而在造型中，点是视觉元素中最小的单位，是一切形态的基础，是具有空间位置的视觉单位。在现实生活中，点的形态以不同的方式表现出来。它的限定根据它本身与空间的相对大小比例，或者根据它与同空间上其他形体的相对大小比例来决定。如夜空中闪烁的星星、大海中行驶的小船、地面上飘落的片片树叶，都市夜晚闪烁的霓虹灯，都是大自然中展示出来的点的形态。另外，处于交叉位置的物象，如线的交点、符号中的逗号、盲文、五线谱中的音符都可以看成是点。

点在相对的环境中存在，点的视觉感受随着它与周围环境关系的不同而变化。在同一背景中，相对面积大的物体通常被当成面来看待，而面积小的物体就会被看成是点。对于一艘正在海中航行的轮船来说，在茫茫大海中它远远看起来像一个点，可当它作为一个点在我们的视野中逐渐清晰以后，给人的感觉就会从

点慢慢转变成面。

2. 点的特征

通常认为点是圆形的，其实这是一个错觉。在大自然中，点的形态是千变万化的。点的形象可分为规则和不规则两类，如图3-1所示。规则的点严谨有序，有方、圆、三角形等形态。不同的形态在视觉上反映出不同的特征与个性，如圆点给人的感觉是饱和圆满，方点给人的感觉是坚实稳重，三角形的点让人感觉尖锐犀利。

▶ 图3-1 点的形象

在空间中，有两个不同位置的相同点，在它们之间会形成一种张力感。这种张力呈现为连接这两点的视线，在视觉上看不出来，唯有在心理上才能感到，如图3-2所示，当两点大小不等时，人的注意力首先集中在大的一方，然后视线由大向小移动，即大点为始动点，而小点为终止点。三点分列时，易被看成为三角形，犹如点间有三条隐藏着的线将其连在一起。

▶ 图3-2 点的位置

3. 点的构成与应用

点在画面中是使人视线集中的趣味中心，可以起到画龙点睛的作用。如画面中最亮的高光点，色彩最强烈突出的部分，黑夜的星星等。点的构成能够形成各种有趣的图案。

如图3-3所示，一群点集合在一起时，有时可看成线，有时却可看成面。由群点所造出来的形，其造型单位虽然是单个的点，但已失去了点的性质，而具有"线"与"形"的视觉效果了。

▶图3-3 点的构成与应用

点是设计的基本要素，具有简洁的特性，是设计中最活跃的因素，是最重要的图形语言和表现手段，如图3-4所示，在设计中有很多图形都是由单纯的点构成的。

▲图3-4 由点构成的图形　　　　　　作者 王文昕

二、线

1. 线的概念

线是点移动的轨迹，几何学上的线没有粗细，只有长度和方向。在造型上，线除长度之外，还需要有粗度。当把线断开、分离后，仍保持有线的感觉时，可称为线的点化；把点排成一列时，则出现线的感觉，可称为点的线化。线在造型中的地位十分重要，是表现力最丰富的要素。

2. 线的特征

线主要分为两大类：直线与曲线。一般说来，直线表现静，曲线表现动，各种繁杂多变的线都是在这两种线的基础上创造出来的。

（1）直线：直线规整、严谨、明确，让人产生冷漠、呆板和机械的感受。具体说来，垂直线具有上升或下降的感觉，使人联想到刚健、挺拔、坚强的意志，它暗示着平衡而强有力的支柱。水平线舒展、宁静，具有很强的安定感，它与静寂的海面、湖面及地平线发生关联，给人延伸感。垂直与水平线在建筑物、大型机械或印刷品上表现得最多，这些都成为现代社会环境的基调。依照垂直与水平的秩序造型，会给人以安定的心理效应。

斜线具有方向感与速度感，常给人以强烈的刺激性。无论它呈45°状或对角线状都具有安定、调和、均衡的感觉。一般的斜线却给人动荡不定的感觉，但也会给人以运动感，所以常用作动感较强的造型。

图上三种方向的直线可以作一种形象比喻，如图3-5所示，即垂直方向犹如人的直立，给人以安定感；水平方向犹如人的横卧，给人以休息感；倾斜方向犹如人在溜冰，给人以运动感。

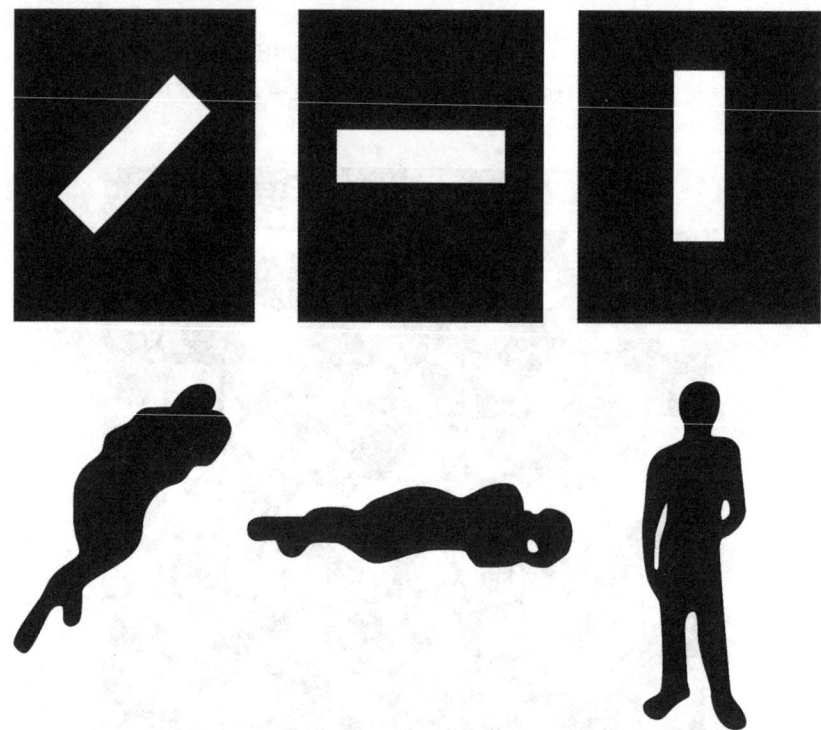

▶ 图3-5　三种方向的直线

此外，如图3-6所示，粗直线给人有力、坚强、厚重、稳定的感觉；细直线给人神经质、敏锐的感觉；锯状直线使人产生不安定、焦虑的感觉。

（2）曲线：曲线分为几何曲线和自由曲线。几何曲线是指由圆、椭圆、抛物线等构成的形，具有几何学的曲线形态，视觉感受清晰、明朗。自由曲线是指无法复制的、自由勾画的、富有个性的曲线，其多变的形态可以表达人类丰富的内心情感，具有极强的表现力和生命力。自由曲线按其特征又可分为C形、S形与涡线形三大类，如图3-7所示。与直线相比，曲线更显得圆润、轻柔，给人流畅优雅的感觉。具体来说，几何曲线明确、明了、高贵、易于理解；C形曲线简要、华丽、柔软；S形曲线优雅、魅力、高贵；涡线形曲线壮丽、模糊。

▲ 图3-6　各种直线特征

▶ 图3-7　自由曲线

3. 线的构成与应用

线与线的构成关系分平行、交接、分割、组合、密集、空间等，所有这些构成都可以充分应用在不同的设计中，通过线可以表现出非常丰富的视觉语言。在所有的造型要素中，线是最富有表情和表现力的，也是重要的图形语言和表现手段。在设计中可以运用线的简、繁、疏、密，来增强画面的节奏感和韵律感，渐变的直线可以体现空间的进深感。在平面设计中，线被广泛运用于分割画面，形成视觉中心，丰富画面效果等，如图3-8所示。

▲图3-8 线的应用　　　　　　　　　　　　　作者　褚舒舒

三、面

1. 面的概念

面是线移动的轨迹，具有长度与宽度。垂直线平行移动形成方形，直线回转移动形成圆形，斜线平行移动形成平行四边形。平面构成中的面有长、宽两度空间，没有厚度，有方向位置。它在造型中所形成的各式各样的形态是设计中的重要因素。在平面构成中，把长度和宽度限定下的具有一定面积的形称之为面；点和线在面积上的扩大也可以形成面。

2. 面的特征

面的特征与它的轮廓线有关。轮廓线是封闭的、完整的，面所构成的形就清晰、明朗。相反，轮廓线模糊、开放、不连接，轮廓线所围绕的面与周围空间界限不清，面的感觉就被减弱。另外，轮廓线是直线还是曲线形，对面的特性也有影响。直线构成的面特征鲜明、硬朗，如三角形、矩形、长方形、不规则直线形等。曲线形构成的面柔和、温润，起伏变化的外形包含节奏和韵律。充实、稳定、整体是面的主要特征。

▲图3-9 有机形态面

面主要分为以下五类。

（1）几何形面：用数学的方法形成的形态，如三角形、正方形、五角形、矩形、平行四边形、梯形等，表现规则、平稳、稳定的视觉效果。

（2）有机形态面：用自由弧线构成柔和、自然、抽象的面的形态，具有潇洒、自由、弹性、美的轮廓，如图3-9所示。创造这种类型的面，不可使用几何曲线及直线；若混进圆弧或直线时，就会成为僵硬缺乏统一的形，甚至会产生互不连接与脱节的形象。

（3）不规则性形态面：用直线和自由弧线随意构成的形态。

（4）偶然性形态面：由特殊的技法意外得到的偶然形态，如敲打、泼洒表现出自由、活泼而富有哲理的形态。

（5）徒手性形态的面：不用任何几何器械辅助，徒手绘写的形态。

将面进行"分割"与"组合"，能获得新的面与形状。

3. 面的构成与应用

面与面的构成可以分为分割与组合两种。

分割是指在一定范围内作划分，划分大致有两种方式，一种为规则的划分，一种为不规则的划分。规则的划分，就是按一定的比例关系把整体分成部分，而不规则的划分则没有一定比例。

组合是不同的单位形逐渐排列配置的方法，可以称为组合或群化。这是相对于分割方式的另一种构成方法。组合的方法虽然跟分割不同，但结果所造成的视觉感受是一致的。一个面经过分割与组合可以得到许多崭新的形态。具体方法是将面切割成两个以上的新形，再把部分新形按照重复、反转、重叠的方法进行组合。

四、点、线、面的综合构成

点、线、面是高度概括的视觉语言，不但可以表现丰富的视觉形态，而且可以起到填充、分割、平衡画面的作用。任何单一的点、线、面都不能完全满足所有设计表达的需要。因此，设计中普遍运用点、线、面的综合构成。需要注意的是，在综合构成中，需要把握点、线、面各自在画面中的主次、面积、大小、前后、虚实等关系，否则画面将变得凌乱，缺乏主体，失去画面的统一协调性和完整性。

如图3-10至图3-17分别用点、线、面这三种不同的造型要素来表达同一个事物形象，正方形画面被等分为三部分，由此更加清晰的显现出点、线、面三者之间鲜明的形态特征。

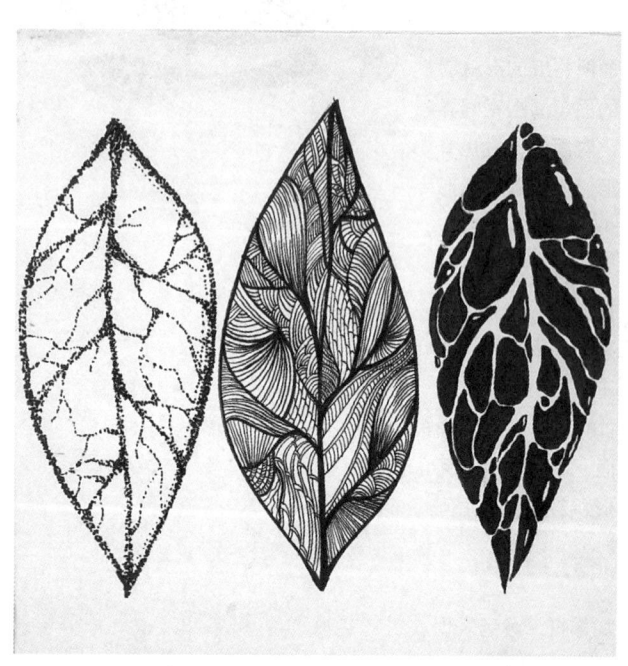

▲图3-10　点、线、面综合构成1　　　作者　陈柳伊

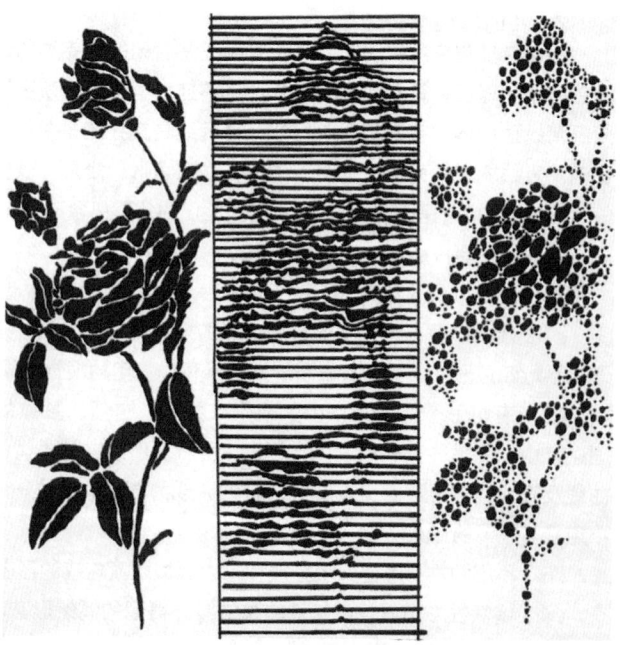

▲图3-11　点、线、面综合构成2　　　作者　龚迪

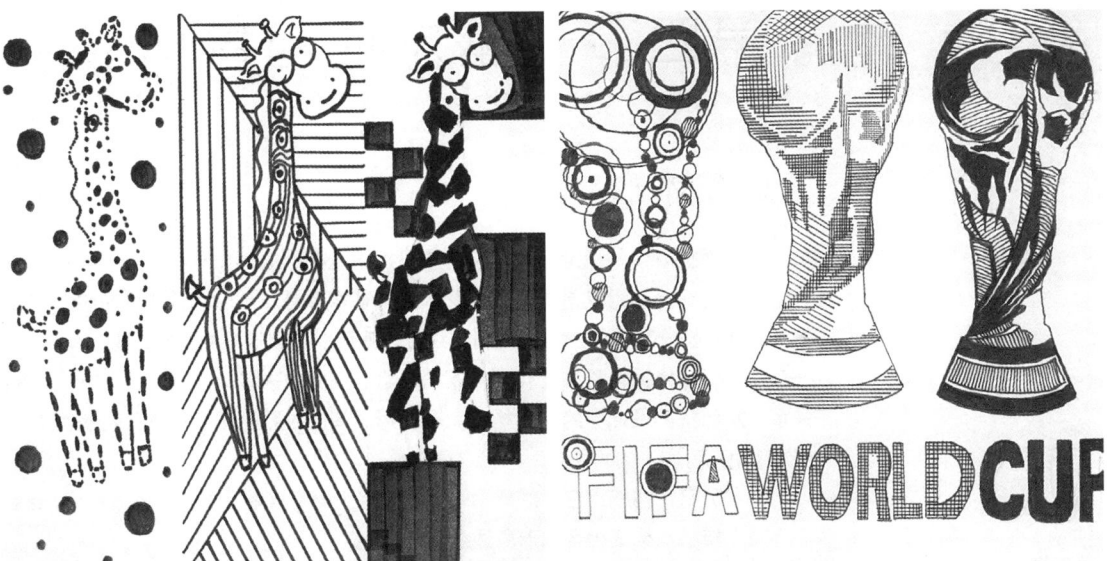

▲ 图3-12　点、线、面综合构成3　　　作者　黄佳　▲ 图3-13　点、线、面综合构成4　　　作者　陆正昕

▲ 图3-14　点、线、面综合构成5　　　作者　盛昕仪

▲ 图3-15　点、线、面综合构成6　　　作者　唐洁

▲ 图3-16　点、线、面综合构成7　　　作者　王宣懿

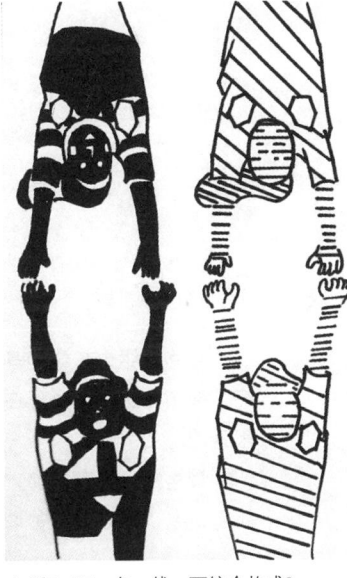

▲ 图3-17　点、线、面综合构成8　　　作者　徐春燕

第四节 基本形与骨格

一、基本形

在平面构成中,视觉形象往往由若干相同或相似的形象单元组成。其中,每一个不能再细分的组成单位称之为基本形;基本形是一个最小的构成单位。利用基本形并根据一定的原则进行排列与组合,就可以得到很好的构成效果。

基本形会依据自身的变化,在不同骨格的空间中去寻求、建立形与形之间的关系,从而获得设计中的整体构成。基本形之间的关系主要有以下几种类型,如图3-18所示。

（1）分离:构成组合的形象之间保持一定距离不接触。

（2）接触:构成组合的形象边缘刚好相接。

（3）覆叠:构成组合的形象一部分与另一部分覆盖,覆盖与被覆盖的形象之间,产生"上与下"或"前与后"的空间关系。

（4）透叠:构成组合的形象具有透明性而互相交叠。透叠与覆叠不同,它不掩盖形象的轮廓,不产生形象间的"上下"或"前后"关系的感觉。

（5）联合:构成组合的形象联合起来形成新的较大的形象。联合形象的色彩和肌理要求一致,要产生合二为一的整体感。

（6）减缺:构成组合的一个形象部分被另一个形象覆盖,被覆盖部分因去掉而成为一种新的形象。

（7）差叠:构成组合的形象相互交叠,非交叠部分为减缺部分,而交叠部分形成一个新的形象。

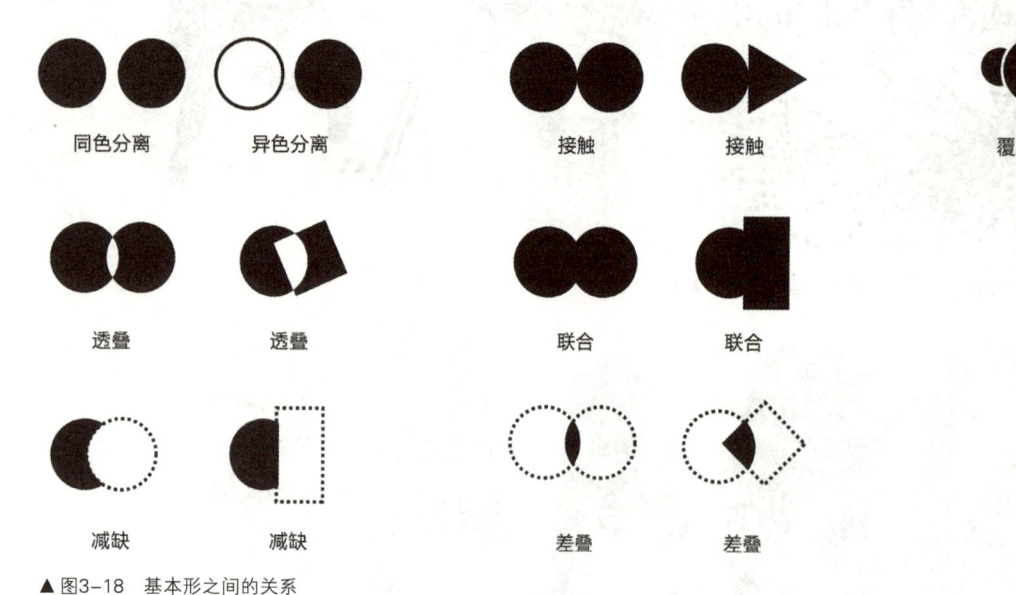

▲图3-18 基本形之间的关系

二、骨格

骨格是组合与排列基本形要素的骨架,骨格的作用在于它支配整个画面的秩序,并预先决定基本形在设计中彼此间的关系。设计之中基本形的位置依靠骨格来管理。

骨格的分类有多种方式,可以分为规律性骨格和非规律性骨格。如图3-19中所示,A、B、C均为规律性骨格,D、E为非规律性骨格。

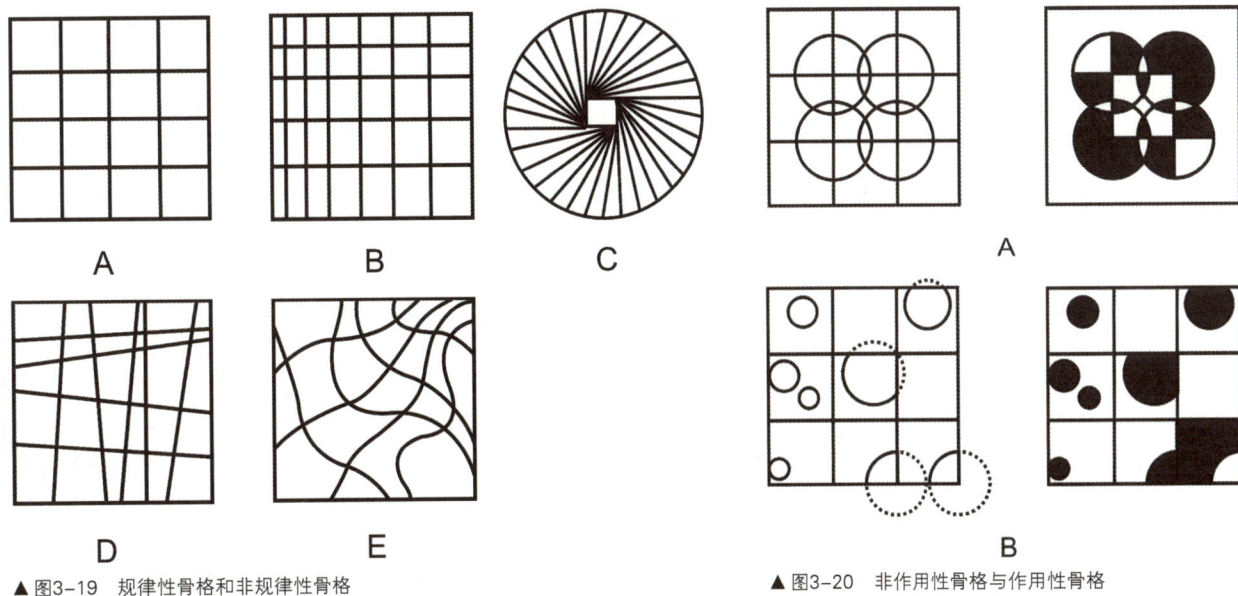

▲ 图3-19 规律性骨格和非规律性骨格　　　　▲ 图3-20 非作用性骨格与作用性骨格

骨格也可以分为作用性骨格和非作用性骨格。如图3-20中所示，A为非作用性骨格，B为作用性骨格。在非作用性骨格中，当基本形绘制好并完成正负形的涂色后，可以将骨格线隐藏。在作用性骨格中，基本形可大可小，可多可少，但无论如何变化都只能在单位骨格的空间内变化；当基本形大于骨格线的空间时，超出骨格线的部分沿着骨格线被切除。

第五节　平面构成的形式

平面构成的各种形式均是通过对基本形或骨格进行不同程度或方式的变化设计来获得不同视觉效果的。

一、重复构成

重复构成是指完全相同的形态在画面中反复出现的构成方式。运用时需要保持基本形的大小、色彩、肌理等一致性以便能达到画面的秩序化和整齐感，重复构成的美感特征是整齐、壮观而又富有力量感。

重复构成是在重复的骨格中设计基本形，所以画面的变化基本集中在如何编排基本形上。主要的手法有：（1）基本形的重复排列；（2）重复基本形正负交替排列；（3）基本形在方向、位置上的有序变化；（4）重复基本形的错位排列等。

实战训练1　限定基本形的重复构成

训练要求：基本形限定为圆心角为90°的扇形，大小与数量不限；将它(们)编排在重复骨格中；基本形一旦设计好后，其形状就不能再变化，但在重复骨格中的方向、位置均可以变化；作品完成在20cm×20cm的正方形区域中，骨格的划分要求每行每列的数量均不少于5。

命题解析：本次实战侧重训练学生对于规定基本形的设计和编排能力；面对完全相同的命题要求，最终产生的设计成果可以千变万化，让学生在入门阶段就领略到设计的魅力所在，能激发他们学习的热情。

图3-21至图3-30为学生的设计稿。从实战训练1的命题和完成情况来看，设计构成是一个遵循章法的创作过程。面对同样的约束条件，由于基本形在骨格线组成的单元格里面的大小和数量不同，且在20cm×20cm的正方形区域中单元格的数量也不一样，最终每一幅作品呈现截然不同的设计结果。这是非常有意思的一个现象，也体现了设计所具有的独特魅力。

▲ 图3-21　作者　陈灵赟

▲ 图3-22　作者　丁舒沁

▲ 图3-23　作者　顾莹洁

▲ 图3-24　作者　乐中正

▲ 图3-25 作者 刘 洋

▲ 图3-26 作者 任至瀚

▲ 图3-27 作者 沈立扬

▲ 图3-28 作者 沈张斌

▲ 图3-29 作者 王 滢

▲ 图3-30 作者 严奕琳

实战训练2　任意基本形的重复构成

训练要求：采用任意基本形设计一幅重复构成的作品。

命题解析：在实战训练1的基础上，本次训练的要求更具开放性，基本形不做任何限制。能训练学生巧妙利用重复骨格的分布特点来构想基本形及其编排设计。

图3-31至图3-40为学生设计稿。

▲图3-31　作者　包　迪

▲图3-32　作者　陈一格

▲图3-33　作者　陈依恬

▲图3-34　作者　陈子昂

▲ 图3-35 作者 代杰飞　　　　　　　　　　▲ 图3-36 作者 丁嘉明

▲ 图3-37 作者 顾莹洁　　　　　　　　　　▲ 图3-38 作者 韩觐伊

▲ 图3-39 作者 胡嘉俐　　　　　　　　　　▲ 图3-40 作者 胡 颖

二、近似构成

戈特弗里德·威廉·莱布尼茨（Gottfried Wilhelm Leibniz，1646—1716）是德国的哲学家和数学家，他曾提出"世界上没有两片完全相同的树叶"。这说明世界上没有完全相同的事物，绝对的重复是不存在的。人们将同类别却不完全相同的事物称之为近似。如双胞胎，即使非常相像，却仍然有细微的不同。

平面构成中的近似构成是指将形状、大小、色彩、肌理等方面有共同特征的基本形，排列在一定的骨格框架中，形成大同小异的变化。简单来说就是相似和相近的形态进行有规律的排列组合，是重复构成的轻度变化。近似构成的优点是能避免重复构成的呆板和单调，使画面富有变化但又统一协调。

近似构成可通过对基本形或骨格进行近似的变化设计来实现。

1. 基本形的近似

基本形的近似变化方法主要有以下几种：（1）对基本形进行方向、正负形、大小的轻度变化；（2）用种类相同、形状不同的近似物象进行有序的排列；（3）用近似的形态进行组合；（4）物体在空间中产生的透视变化呈近似形态；（5）形态的伸展与压缩产生近似形。下面将结合学生的优秀设计作品来展示这些变化方法的具体应用。

实战训练3　近似构成（仅变化基本形）

训练要求：变化基本形，并将它们放置在重复的骨格中，设计一幅近似构成。

命题解析：近似构成的实战训练分两个步骤，分别针对基本形和骨格进行近似的变化设计。本次训练侧重培养学生在已经掌握重复构成设计手法的基础上，对基本形做轻度变化设计的能力。

图3-41的创意起源于台湾雕塑家朱铭先生的"太极系列"，该系列雕塑是集中体现朱铭先生雕刻艺术精湛手笔的作品。画面中几何抽象的小人形态各异，呈现出太极中的代表性姿势，整体布局稳定中又不失活泼与趣味。图3-42出自于喜欢制作美食的设计者之手，平日里沉浸于厨房瓶瓶罐罐的交响曲中，对于各式各样的调料情有独钟，画面中的12款瓶型及包装设计各异的酱料，展现了一个吃货强大的内心世界。图3-43是作者上网搜索美食图片时受到的启发，以线描的形式在形状相似的面包片上搭配各种食材，呈现出一幅具有欧式寿司感的美食视觉盛宴。这三幅作品均是用种类相同、形状不同的近似物象在重复骨格中的有序排列来进行近似设计。图3-44借用了同一物体在空间中的透视变化来做近似设计，主体是世界著名的巴黎铁塔，在重复的九宫格中，正中间是建筑的主视图，围绕画面中心分别从观察者的不同视角展现了巴黎铁塔的透视变化。

这一组作品展现了设计者丰富多彩的兴趣世界。图3-45的作者是一个狂热的足球爱好者，近似变化的图形选择了尤文图斯队的球衣纹样。图3-46至图3-48则展现了音乐爱好者的内心世界。图3-46选择美国说唱歌手Eminem在不同时期发行的专辑作为创意源泉，用CD唱片作为图形载体，画面正中间的一张唱片上写着歌手名字，以及"Rap"的字样表明歌手擅长的曲风，然后按序将专辑名称和发表时间一一对应的表达出来。图3-47与图3-48都选择了五线谱中的音符形态，图3-47中的音符做了拟物化的处理，图3-48中的音符则更偏于抽象的几何形。图3-49展现了时尚最前沿的不同发型，图3-50是日本著名动画片《海贼王》中阿飞的喜怒哀乐的情绪汇集。以上作品的近似变化都聚焦在基本形上，重点表达了设计者自己的兴趣爱好，而对于骨格则采用了重复设计的手法。

第三章 平面构成　033

▲ 图3-41　作者 陈一格　　　　　　　▲ 图3-42　作者 范佳雯

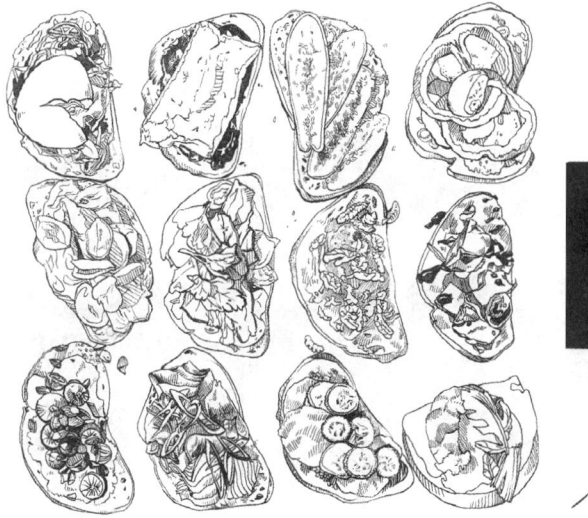 

▲ 图3-43　作者 唐　洁　　　　　　　▲ 图3-44　作者 朱　润

▲ 图3-45　作者 冯彦文　　　　　　　▲ 图3-46　作者 李　扬

▲图3-47 作者 潘梦迪　　　　　　　　▲图3-48 作者 王艺洁

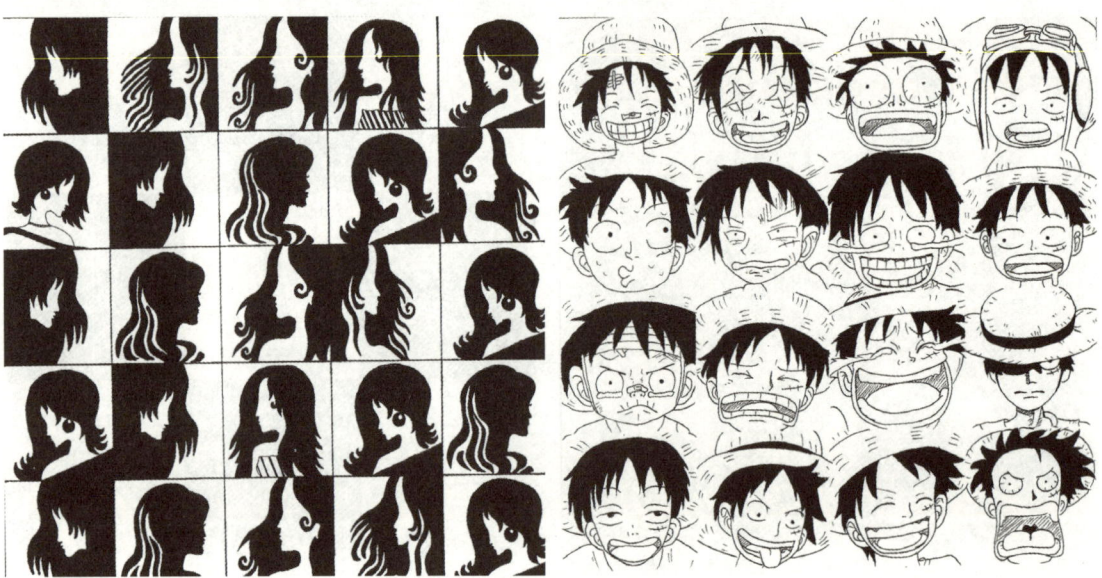

▲图3-49 作者 高 璇　　　　　　　　▲图3-50 作者 倪俊晶

2. 骨格的近似

骨格的近似变化方法主要是指骨格单位的形状、大小、宽窄和方向的变化，是一种半规律性骨格，通过对骨格的分割，既有变化又大致统一。

实战训练4　近似构成（基本形与骨格同时变化）

训练要求：对基本形进行轻度的变化，并将它们放置在近似的骨格中，设计一幅近似构成。

命题解析：训练学生在两个设计要素都需要变化时的调节和掌控能力。骨格的设计不仅可以用直线型来表达，还可以对骨格的边框做花型或纹理的设计；同时，近似基本形往往会有大小的差异，必须结合骨格的近似变化在画面中合理安排基本形。

图3-51的近似构成采用了种类相同、形状不同的近似物象进行有序排列，即中国传统文化中的十二生肖剪纸形象。作品创作于2012年，是农历的龙年，在画面中对于生肖龙所处位置的骨格做了近似处理，以形成视觉焦点，能突出画面重心。图3-52作品创作来源于作者丢失了耳机的经历，在重新选购耳机的过程中，作者看到了各种不同的款型，将它们描绘在画面中。创作时运用填黑、留白和排线三种方式来安排画面，骨格的边缘借用了耳机线的形式来做分割，显得很别致。图3-53的近似基本形是多件不同样式的晚礼服，骨格的边框处理成相框的形式，犹如隐身在画面中的模特身着晚礼服仪态万千的倚靠在相框中。图3-54的主题与前述类似，作者翻看时尚杂志时受到启发，将模特在T台演绎服装秀的场景进行了艺术化处理，其中有几款服装还融入了自己的设计理念。图3-55选择了童装主题，为了配合儿童天真可爱的个性，骨格的设计也采用了比方形更活泼的圆形，且大小不一，整体构图活跃。图3-56表达的对象是作者心爱的宠物猫Luna，作者与宠物猫嬉戏的过程中见证了猫的喜怒哀乐，并用抽象化的处理手法进行了近似构成的设计。

▲图3-51 作者 何艳玲

▲图3-52 作者 盛昕仪

▲图3-53 作者 刘 慧

▲图3-54 作者 王宣懿

▲ 图3-55 作者 徐春燕　　　　　　　　　▲ 图3-56 作者 庄潘雯

　　图3-57至图3-60同样也是作者兴趣世界的反映。几位作者分别将自己的特长爱好——国际象棋、小提琴、天文学和古诗词融入近似构成的设计中。尤其是图3-60完全采用了近似的圆形来组成四行小诗"古往烟花冷，几度人事分；拈一朵鸢尾，许一汪情深"，画面的精致程度令人赞叹。

　　图3-61至图3-66也是一组近似构成的作品。

▲ 图3-57 作者 乐中正　　　　　　　　　▲ 图3-58 作者 杨 瑞

▲ 图3-59 作者 马千一

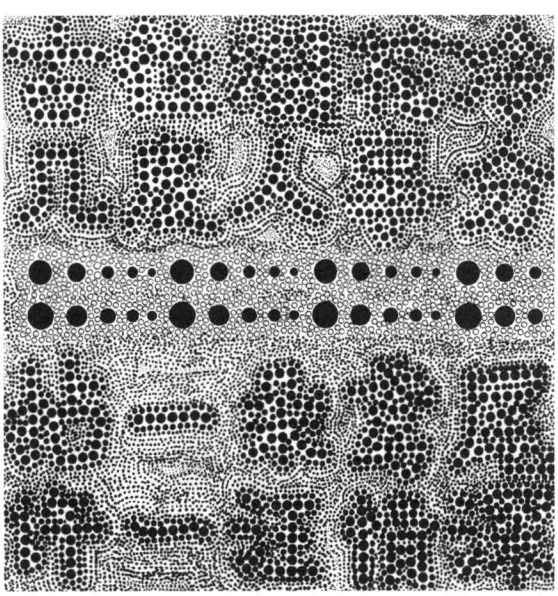
▲ 图3-60 作者 钟梅宝

▲ 图3-61 作者 冯增遥

▲ 图3-62 作者 茹秋石

▲ 图3-63 作者 邵杨芸

▲ 图3-64 作者 沈如春光

▲ 图3-65　作者 沈文静　　　　　　　　　　　▲ 图3-66　作者 王梦兰

三、渐变构成

渐变构成是指基本形或骨格有规律的、循序渐进的变化，是产生节奏感、韵律感的构成，如形态的从大到小、视觉的由远而近，从一种形态变成为另一种形态等。渐变是一种规律性极强的构成，渐变的节奏很重要，变化太快缺乏连贯性，变化太慢容易产生重复的效果。

渐变构成可通过对基本形或骨格进行渐变设计来实现。

1. 基本形的渐变

基本形的渐变方法主要有以下几点：（1）大小渐变，即基本形由大到小或由小到大的渐变排列，产生远近的深度和空间感；（2）方向渐变，即基本形在画面中做上下左右方向的渐变，形成旋转感，使画面产生动感；（3）形状渐变，由一个基本形逐渐转变成另一个基本形，可以通过删减、添加、位移等方法达到渐变的效果，还可以将两个完全不同的形态，通过寻找它们的相近元素，将两个相对物象进行渐变处理，以产生富有韵味的视觉效果。

实战训练5　"姓名"的渐变构成

训练要求：每位学生选择自己姓名中的一个字，做基本形的渐变设计；从"中文文字"遵循一定的规律变化到"图形"，变化步骤不少于5步。

命题解析：侧重训练学生对于基本形进行循序渐进变化的设计能力，要准确把握渐变构成与近似构成之间的差异，每一个基本形之间都是互相有关联的，是由此及彼的变化。

图3-67用名字中的"柳"做渐变，字的左边偏旁是"木"字，与"树"相通；右边偏旁是"卯"字，对应十二生肖中的"兔"。"木"字渐变成一棵柳树，

"卯"字渐变成一只小兔,渐变的路径从画面左上开始,呈现"Z"形,最终的图形是画面中心在柳树下的一只兔子。这幅作品既有"形"上的渐变,也有"意"上的关联,堪称形神兼备。图3-68用名字中的"遥"做渐变,同样也是把字拆成两部分变化,"辶"变成一架钢琴,"䍃"则变成一位坐着的小女孩,最后在画面右下角汇合成女孩坐着弹钢琴的景象。图3-69出自于一位超级球迷之手,用名字中的"昕"做渐变,共分5个步骤,第一步呈现正楷字体,第二步呈现篆书字体,第三和第四步开始由字转变成图形,一个射门足球运动员的形象越来越清晰,最后一步是法国著名球星弗兰克·里贝里(Franck Ribery,1983—)破门的精彩瞬间,采用拜仁慕尼黑球队的队标作为背景衬托在图形后面,以破除纯白色背景的单调。图3-70变化的对象是作者名中的"菲"字,"菲"有"浓郁的花草香气"的含义,所以从中文字最终变化成为花草纷飞的画面。

▲图3-67 作者 陈柳伊

▲图3-68 作者 冯增遥

▲图3-69 作者 陆正昕

▲图3-70 作者 严晓菲

实战训练6　基本形的渐变构成

训练要求：任意选择一个基本形做渐变过渡，通过不少于4个步骤的变化过程，完成由此形到彼形的渐变构成设计。

命题解析：相比较实战训练5，本次命题对于基本形的选择更加自由；同时，仍然侧重训练学生对于基本形进行循序渐进变化设计的能力，重点突出"由此及彼"的过程性变化。基本形之间除了能体现形态上的过渡外，还应有内涵上的关联或延续性。

图3-71至图3-75是一组针对任意基本形做的渐变设计，很多作品都体现出了"形神兼备"的水准，即渐变图形之间除了表象的形态推演设计，还具有深层次内涵上的演绎。如图3-72所示作品，以S形的路径展现了小鸭子到白天鹅的蜕变过程，鸭子和天鹅本是不同的动物，这幅作品却运用渐变设计手法生动再现了丹

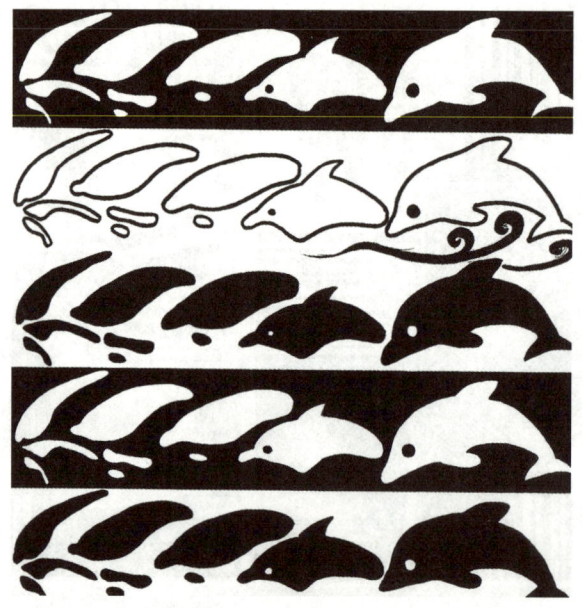

▲图3-71　作者　何雯靓

▲图3-72　作者　乐中正

▲图3-73　作者　沈立扬

麦著名安徒生童话《丑小鸭》的主题，令人拍案叫绝。图3-73所示作品，以中国功夫巨星李小龙的武打动作作为图形变化的起点，沿着正方形画面的对角线逐渐幻化成为一条中国龙，寓意李小龙是中国的人中之龙，是全球华人的骄傲。图3-74所示作品，是运用图底转换的手法，从画面第一行白色的飞鸟慢慢转变到最后一行黑色的蝴蝶，原来白色的图形变成了背景，黑色的背景一跃而出成为图形。图3-75所示作品有两种变化的路径。一种是以正方形画面的对角线作为路径，分别由头顶光环的白色天使变成炸弹和长着蝙蝠翅膀的黑色恶魔变成爱心；另一种是以正方形的垂直等分线为边界，分别在画面的左右两个区域里变化，则头顶光环的白色天使变成爱心，长着蝙蝠翅膀的黑色恶魔变成炸弹，由此寓意"福兮祸所伏，祸兮福所倚"的深刻哲学道理。

▲ 图3-74　作者　吴元欣　　　　　　▲ 图3-75　作者　张闻杰

2. 骨格的渐变

一般来说，骨格是由一组水平线和垂直线构成的。重复骨格中，水平线和垂直线是等距的；渐变骨格中，水平线和垂直线的距离会发生疏密变化，如果遵循一定的规律则画面会有韵律感，常用分割和比例的方式来完成渐变骨格的设计。渐变骨格是一种规律性骨格。

如图3-76所示，A、B、C三图中的骨格线是按照特定的设计比例，从图面的水平和垂直方向的中心开始分别向上、下和左、右两侧方向进行渐变，D图中的骨格线则是按照设计比例从图面的最左侧和最上端分别往右侧和下端进行渐变。

▼ 图3-76　骨格的渐变

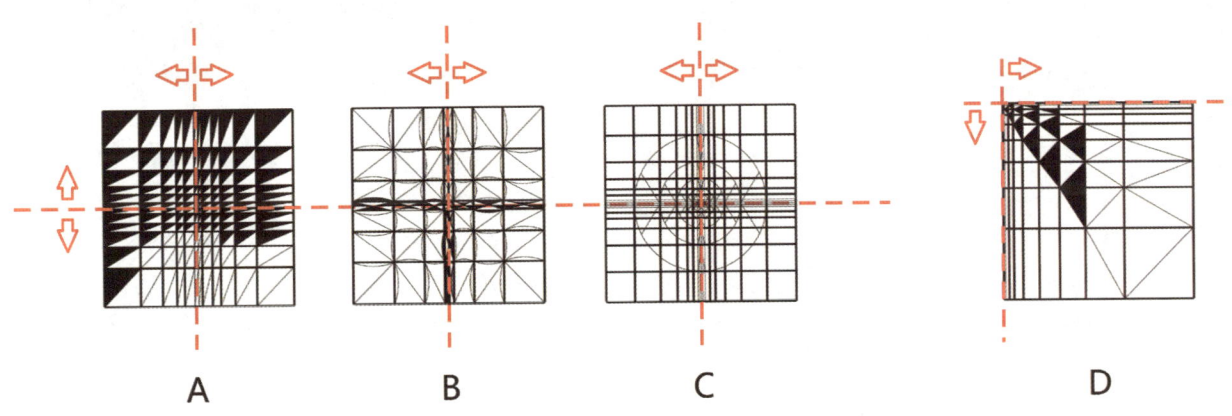

A　　　　　　　　B　　　　　　　　C　　　　　　　　D

实战训练7　骨格的渐变构成

训练要求：采用某种恰当的分割或比例对骨格的疏密关系进行设计，然后在渐变骨格的空间中设计基本形，注意构图均衡。

命题解析：侧重训练学生运用黄金比、费班纳塞数列等对骨格的疏密关系进行设计的能力；与实战训练5和6相比，本次训练中基本形的变化设计要依附于渐变骨格，且大都为抽象的几何形态。

图3-77至图3-80为针对骨格所做的渐变设计。

▲图3-77　作者　褚舒舒　　　　　　　　▲图3-78　作者　刘　阳

▲图3-79　作者　潘梦迪　　　　　　　　▲图3-80　作者　卫　春

3. 渐变构成与近似构成的区别

以上分别就近似构成与渐变构成的基本内涵和构成手法进行了讲解，接着需要明确这两者之间的区别，容易混淆的是基本形的近似和渐变构成。渐变构成主要是指相近的基本形在一定秩序中有规律的增减，或将基本形由此及彼进行慢慢地转化，是一种过程的反映；近似构成则是指近似的基本形在二维平面中反复排列所造成的视觉形式，是一种跳跃式的、轻度的变化，不像渐变构成那样有突出的连续性。如图3-81所示，第一行中三角形、四边形、五边形和六边形是一组同类图形，它们的边数不同，但都是基本几何形，是一种近似构成；第二行中四个图形存在由此及彼的因果关系，即正四边形经过几次切线变化后，逐步接近正圆的形态，这里引入了素描技法里徒手画正圆的思路来做形象说明，四个形态放置在一起清晰地呈现了一种渐变的过程。

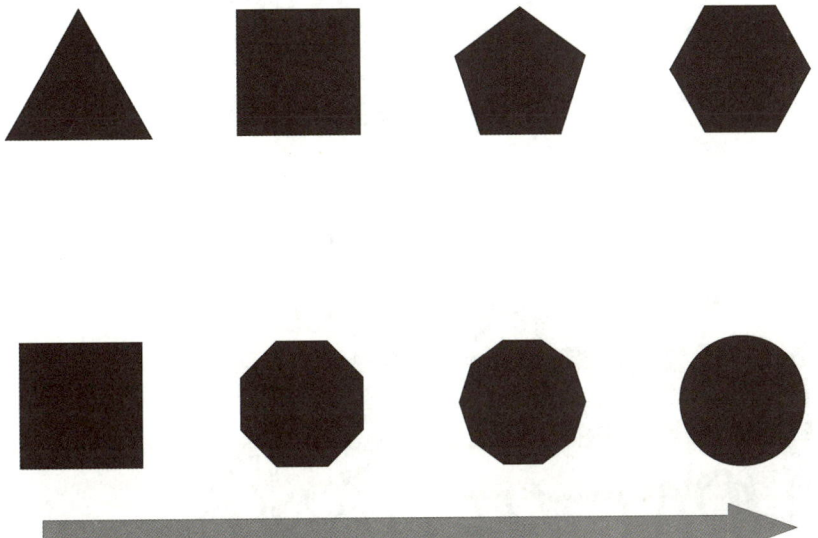

◀图3-81 渐变构成与近似构成的区别

四、特异构成

特异构成是建立在重复或近似基础上的一种有规律的变化，即在一些有规律排列的整体形态中，进行局部形态上突破性的构成。特异构成的优点是能改变重复构成的单调感，形成画面的视觉焦点，营造一种惊喜或刺激。与近似构成中"轻度的变化"以及渐变构成中"循序渐进的变化"相比较，特异构成的变化是一种"突然的变化"，常常令人意外但又不乏趣味性。

特异构成的变化主要集中在对基本形进行设计上，方法有以下几种：（1）对基本形进行大小变化；（2）大部分基本形按一定方向排列，少数个别基本形改变方向；（3）大部分基本形为重复、近似的形态，其中有一个明显不同于其他形态；（4）利用少量的鲜明色彩凸显某一个形态，以此与其他形态形成对比。

实战训练8　特异构成

训练要求：采用某种恰当的方式处理骨格，然后设计一组重复或近似的基本形，并在此基础上做特异构成设计。

命题解析：之所以将重复构成、近似构成、渐变构成、特异构成依序讲解，是因为这几种不同的形式存在着依存关系，越往后的构成形式是在前几者基础上去做的变化或拓展。本次训练侧重教会学生准确把握几种构成形式之间的区别和联系，并运用特异构成的手法制造令人愉悦或印象深刻的画面视觉焦点。

图3-82至图3-84是基于近似基本形所做的特异构成设计。图3-82的作者是著名歌手迈克尔·杰克逊（Michael Jackson，1958—2009）的铁杆歌迷，将五首经典歌曲的歌名用近似的英文字体表示出来，画面的特异部分是歌手经典舞姿的剪影，营造了视觉焦点，能引起歌迷们的情感共鸣图3-83是作者将宠物猫Luna作为特异图形，放置在近似的星星图案构成的星空中，星星的排布沿圆环状放射路径，画面空间感很强。图3-84至图3-86是基于重复基本形所做的特异构成设计。图3-84选用了中国传统文化中的中国结形态作为特异，背景衬以中国结上的

▲图3-82　作者　乐中正

▲图3-83　作者　庄潘雯

▲图3-84　作者　何雯靓

"十字"纹路，画面韵律感表达充分且焦点突出。图3-85根据古典名著《聊斋志异》中聂小倩的故事创作，用千年老树盘踞在地下的老根作为骨格线，可谓构思巧妙，在许多坛罐之中埋着一个清晰写着"倩"字的罐子，树下迎风站立着一位衣袖飘飘的书生，这两处画面的特异部分遥相呼应，将宁采臣与聂小倩感天动地的故事表达得淋漓尽致。图3-86是一幅关注白领族身心健康的作品，重复基本形是身穿笔挺西装却面无表情的人，以此隐喻白领族在日复一日的高强度上班节奏中，除了工作毫无自我，特异部分是一个肌肉发达的人形，通过这样鲜明的对比强调"身体是革命的本钱"，号召大家要锻炼身体。

▲图3-85 作者 唐 敏

▲图3-86 作者 张闻杰

五、现场命题综合设计

实战训练9　"高考"与平面构成

训练要求：以"高考"为主题，在限定90分钟时间内，采用近似、渐变或特异构成手法设计一幅作品。

命题解析：重点训练学生在短时间内是否能够迅速把握主题要求，理解构成形式，并选择恰当的切入点和构成手法去表现自己经历过的难忘体验。

图3-87至图3-89为学生现场创作的设计作品。2016年6月7日至6月9日是普通高等学校招生全国统一考试的时间，对于已经踏入大学校园学习的学生来说，这也是个刻骨铭心、承载了他们汗水、泪水和喜悦的日子，三位作者用一种特殊的方式记录了他们的心路历程。图3-87以"高考"二字为起点，经过5个步骤的渐变，最终变成科幻电影《V字仇杀队》中主角的形象，表达了高考对于普通学生而言是一次公平的竞争，给他们带来了改变命运的希望和创造美好社会生活的可能性。图3-88采用了基于近似基本形的特异构成手法设计，堆积如山的书本就是近似变化的图形，由此更加鲜明的衬托出坐在画架前的女孩形象。对于一名报考设计专业的艺术类考生，高考最后冲刺阶段主攻的就是文化课和专业课。文化

课的复习过程就是在书海中遨游的体验,而挥舞着画笔准备专业课内容时既是一种放松,也能体会到思维灵感伴随画笔一起飞扬的喜悦之情。图3-89是一幅近似构成的作品,画面左边的学生在复习和考试过程中心不在焉、未尽全力,最后只能发挥自己50%的水平;画面中间的学生刻苦努力、奋发向上,最终取得了优异的成绩;画面右边的学生整天吃喝玩乐、不思进取,最终肯定是以失败告终的。将三个不同的学生并置在画面中形成鲜明的对比,非常形象地表达了要想取得成功就应该采用何种方式去学习和生活,这比单纯的口头说教更加有说服力。

▲图3-87 作者 陆正昕

▲图3-88 作者 王宣懿

▲图3-89 作者 唐 洁

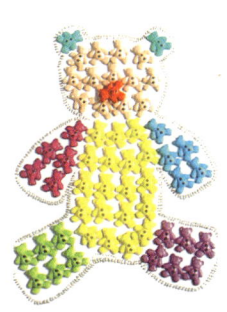

第四章

立体构成

学习目的与要求

本章讲述了立体构成的基本内涵及其与平面构成之间的联系和区别，使得学生能更加明确学习本课程的目的和意义；要求学生能熟悉八种有代表性的材料及其加工工艺；要求学生能掌握立体构成中的基本造型要素，并能与平面构成的造型要素加以区分，理解点、线、面、体要素对于塑造立体形态的作用；要求学生能选择合适的材料，分别完成点材、线材和面材构成的实践训练，并在此基础上完成一个综合设计实践。最终目的是要使学生掌握在三维空间里的造型技巧。

学习重点

1. 掌握点、线、面、体的内涵及表现形式，以及这几者之间的关系
2. 掌握点材构成的方法
3. 掌握二点五维构成的方法
4. 掌握线材构成的方法
5. 掌握面材构成的方法
6. 能运用基本造型要素进行综合性的立体构成设计

第一节　立体构成概述

触及造型这个关键词，最容易想到的往往是"形状"；在构成的学习和训练过程中，也是从平面构成开始的。平面构成与立体构成都是造型艺术中形态构成学的重要组成部分，但在构成要素和原则等方面却不尽相同。

平面构成主要是靠外部边缘形状的变化来演绎的，而立体构成是客观的三维空间形体；平面的形态是相对稳定的图像，与观察者的视角基本无关，立体的形态与观察的角度密切相关；最后，材料对平面构成的意义仅仅体现在一些肌理视觉效果的创作中，而立体构成的材料应用却是造型与功能能否实现的物质保障，即立体构成的作品实现会更依赖材料的合理选择。

一、立体构成的概念

在现实生活中存在着形形色色的三维世界，日常生活用品、林立的楼宇、自然界中的山川、河流，都属于三维物质形态，也就是通常所说的"立体物"。

从自然形态到人为形态，世间任何物质都是由基本元素构成的，任何形态内部结构的发展或变化都涉及所有组成该结构的单元体的数量和组成方式，这些最基本单元体的功能在于以点、线、面的基本形式创造出某种空间。任何一个立体物都是三维的，都具有高度、宽度和厚度，并与空间发生关系，立体构成正是三维空间的一种体验。

立体构成是使用各种基本材料，将造型要素按照美的原则组成新立体形态的过程，它是以研究空间造型规律为目的的艺术创作和训练体系，通过学习立体构成能使学生全面了解立体造型的基本方法，拓宽单一的程式化思维，掌握科学的三维立体的创作模式，从而提高审美境界和设计能力。

二、学习立体构成的目的

立体构成能教会学生如何运用立体的基本元素去组合出不同的造型；另一方面也在材料和空间运用上展开广泛的研究。立体构成所探讨的就是在空间中物体形态的本质，它以立体造型的创作训练为主线，注重对学生理解力的培养，使学生的形象思维与逻辑思维相结合，并充分发掘材料、工艺和单纯技能的造型可能；要求学生能在艺术科学理论的层面理解形态的本质，将造型的研究推向专业的高度；从一般侧重于技法训练转为培养立体感觉和技法技能并重；从美学的角度出发，将立体构成知识融入实际产品设计案例，有助于帮助学生完成从基础构成向设计创作的递进，架起构成与设计之间的桥梁。

第二节　立体构成的材料及加工工艺

在立体构成作品的创作过程中，所采用的材料因其材质、属性的不同，形成了加工工艺的差别和物质结构的不同。在形态构成的组成与表达中，通常将材料的种类分为两大类型：一是自然材料，即没有经过人为加工的天然材料，如树木、石块、泥土等。这类材料的特点是自然质朴、返璞归真，视觉效果不受人的主观控制影响。二是人工材料，即经过加工与提炼后形成的合成材料，如纸张、塑料、金属、化纤、人造板材等。这类材料的特点是实用丰富、规则秩序，大大拓宽了设计应用中的表现手段。

在此主要介绍几种在设计创作中经常使用到的材料及相应的加工工艺。

一、纸张

纸是我国四大发明之一，质地轻柔，以木材、竹材及各类植物纤维等为原料加工制成。因为纸张轻而平滑、容易加工和价格低廉的特性，其被广泛使用在各种造型及模型制作中，主要以纸板为主，包括各种卡纸、纸板、瓦楞纸、包装纸、特种纸等。

纸张的加工方法简单快捷，主要有折叠、折曲、剪裁、褶皱、切割、卷曲、插接、穿插、粘贴等。加工效果会产生如起筋、浮雕、麻面、凹凸、破裂等，最终能够创造出层次丰富、结构坚实的立体形态与结构。

二、木材

木材在我国有着悠久的历史，是使用最普及的造型材料。木材由于质地轻柔、容易加工、自然朴素的特性被认为是最富于人性的天然材料。常用的木材种类按照质地的强度分为硬木、柴木、软木。硬木质地细密坚硬，常用的如白桦、桃木、檀木、榉木、花梨等；柴木软硬适中，主要包括榆木、杉木、柏木、松木等。除各种实木外，木材还包括各种人造积层材与板材，如指接板、夹芯板、密度板、刨花板和各类胶合饰面板。

木材的加工方法有雕刻、切割、锯割、刨削、弯曲、榫卯等。在现代化生产加工为主导方式的今天，数控机床和计算机辅助加工将逐步取代传统的加工方法。

三、塑料

塑料是一种高分子化合而成的人工材料，通过加热具有很强的可塑性。塑料大致可分为聚乙烯、聚苯乙烯、聚丙烯等热塑性材料和酚醛树脂、氨基树脂、三氯氰胺树脂等热固性材料两大类别。塑料材质同时被广泛应用于各种产品设计和模型制作中，分为塑胶型和发泡型材料，通常被加工成板材、管材、条材、异型材等。具体种类如亚克力板、ABS、PVC、PS、PU发泡等。

塑料的加工成型工艺比较灵活，在400℃以下，可采用注射、挤压、模压、浇铸、烧结成型，也可用氟碳等离子喷涂方法，得到既有塑料材质优点，又有金属特性的制品。塑料的连接方式主要有塑料焊接、溶剂黏接、胶接。表面处理包括镀饰、涂饰、烫印、压花、印刷等。

四、金属

金属具有许多比其他材料更为优越的特性，如可重复使用、加工技术多样、品种齐全、物理性能坚硬和耐用、有很好的延展性、耐弯曲、抗拉伸等。

金属材料的加工，大致可分为利用可塑性的塑性加工如锻造、延展等，利用溶解性的铸造以及焊接等。最具代表性的有以下两种。

（1）锻造工艺：锻造是利用金属的延展性和塑性变形，捶打成型的一种金属工艺。弯曲、折曲的挤压成型方法只能形成单曲面，而锻造加工则能完成随意的多曲面造型，其中冲压方法制成的曲面使外压与内压保持均衡的张力，成为锻造造型的最大特色。

（2）铸造工艺：铸造是利用金属在高温下熔化的性质，将熔化后的金属液体倒入用其他材料制成的铸模内的一种成型技术。铸造能体现出曲面的柔美感和质量感，常用的方法有蜡模铸造和砂型铸造。

五、玻璃

玻璃是一种较为透明的液体物质，主要成分是二氧化硅。玻璃具有透光、反射、隔音、隔热等特性，是重要的光学材料。玻璃不同的处理方式可以产生各种晶莹剔透的视觉美感，给人以透明、清爽、朦胧之美。

玻璃的加工工艺相对比较固定，分为吹制和热熔两类，具体制作手段有磨制、吹塑、腐蚀、压花、喷花、印刷蚀刻等。

六、陶瓷

陶瓷是用天然或人工合成的粉状化合物，经过成型和高温烧制的由金属和非金属元素的无机化合物构成的多晶体固体材料。它包括由黏土或含有黏土的混合物经混炼、成型、煅烧而制成的各种制品。陶瓷大致分为陶器与瓷器两大类，再细分如粗陶中的砖、瓦、罐等，精陶中的各类紫砂等。

陶瓷材料具有极强的抗酸碱腐蚀能力，由于它本身就是在几百度至上千度高温窑炉中烧制而成，因此具有很好的耐高温而不易氧化、不分解、不变形、不变色、易清洗等优点。

七、石膏

石膏是一种天然的含水硫酸钙矿物质。纯净的天然石膏是无色半透明的结晶体，常呈厚板状，有杂质，一般不能单独使用。只有经提炼加工的熟石膏才是在设计练习中大量使用的，是模型制作与立体造型的重要材料。

石膏在使用中具有很多优势，如易于加工、可塑性强、安全性高、成本低廉、复制性高等特点。石膏模型的加工手段根据不同的产品形态特点主要有雕刻成型法、旋转成型法、翻制成型法。

八、纤维

纤维材料主要是指以材料的状态和质地的特点来区分的以软质形态为主的各

类合成纤维织物。在当今一些新工艺和新材料产生的条件下，某些金属、塑料、纸张等材质也会呈现出各种纤维特点的状态。传统的纤维类材料主要包括棉、麻、丝、帛、绢、毛、绒、尼龙等天然材料及其他化纤合成织物。

纤维材料的加工工艺主要以捆扎、编织为主，编织是一种美的综合和组织，既可体现单种材质的特性之美，又可呈现多种复合材料的混搭之美。

第三节 立体构成的造型要素

在平面构成的相关章节已经学习了基本造型要素——点、线、面的概念、特征和应用；在立体构成中，点、线、面的造型要素具有了三维空间中全新的内涵，特别是体的概念提出，这在平面构成中是没有的。

立体构成中的点、线、面、体与平面构成和几何学中的点、线、面、体有很大差异。几何学中的点，只有位置而无长度、宽度和厚度，是零次元的最小空间单元；几何学中的线，是点移动的轨迹，只有位置与长度，而不具有宽度和厚度；几何学中的面，是线移动的轨迹，只有位置、长度、宽度，没有厚度；几何学中的体，是面移动的轨迹，具有长度、宽度和厚度，但是没有重量。平面构成是在二维虚拟空间中塑造点、线、面的；立体构成中的点、线、面、体则是有位置、长度、宽度、厚度和重心的三维立体。

在立体构成中，点、线、面和体是构成形态的基本造型要素。学习点、线、面、体，目的在于纯化造型语言，以便能更好地理解立体构成的一般规律。

一、点

在立体构成中，点是最小的空间单位，所有形态都可以理解为是点的集合。如图4-1所示，点可以存在于线的两端，也可以存在于线的交叉处、转角处及面或体的角端。

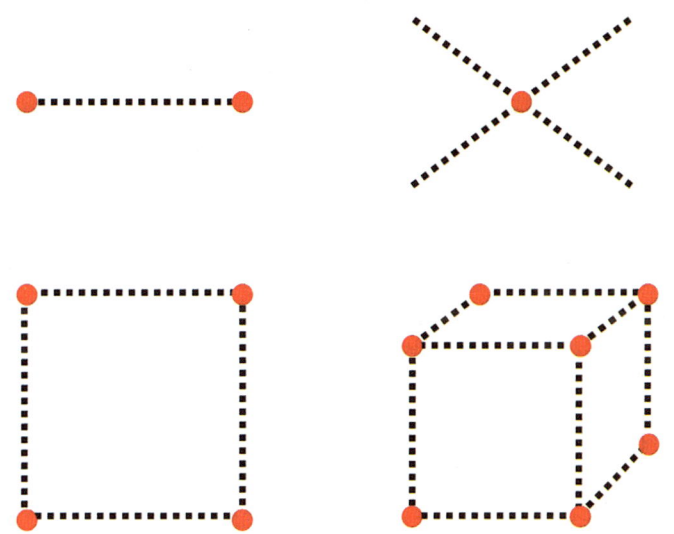

◀ 图4-1 立体构成中的点1

▲ 图4-2　立体构成中的点2　作者　刘慧

在立体构成中，点可以分为实点和虚点两大类。实点是指以具体可视的现实形态所呈现出来的点，形状可能各不相同，但都具有较强的聚焦作用。任何以具体物质材料构成的，面积、体量弱小的直观视觉形态都属于实点的范畴。虚点本身不占有空间，但视觉特征独特而抽象、能够感知到存在却又不具备实际体积、材料、形状等具体形态特征。

单纯的点的构成在立体构成作品中并不多见，这是由于材料支撑的关系。点往往和线、面、体的构成相结合而形成效果，如图4-2所示。

二、线

线是点运动的轨迹，具有长度的一维空间。如图4-3所示，点运动的轨迹可以决定线的曲直，直线是两点间最短的连接方式。线存在于面的边缘、面的转折或相交之处。

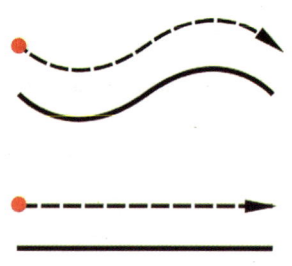

 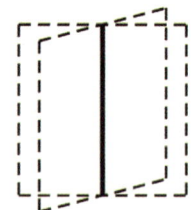

▶ 图4-3　线的形态

线形态的特殊视觉特征主要体现在它的方向性、流畅性、通透性。线在三维立体造型中有着非常重要的作用，线能够决定形的方向，或表现轻量化的意向；线可以形成骨架，成为某种结构体；线也可以成为形的外部轮廓线，将形从外界分离出来；线具有速度感，可以表现各种动势；线的断面形状，会对造型产生很大的影响。

在立体构成中，线主要分为直线和曲线两大类。直线具有坚硬简洁、指示性强、男性化的特征。曲线具有丰富的弹性和变化，给人一种柔软、韵律的美感，倾向于女性化的特征；以直线为基本元素的立体构成作品，使人产生坚硬、严谨的感觉，但易显得呆板。以曲线为基本元素的立体形态，则给人以舒展、优雅的感觉。

线材大致可分为硬线材和软线材两大类。硬线材有火柴、筷子、牙签、铁丝、竹木藤条和玻璃、塑料、金属等管形材料；软线材包括毛线、尼龙线、丝带、棉、麻、绳、化纤等软线，还有铁、钢、铝丝等可弯曲变形的金属线材。

1. 硬线材构成

硬线材是具有一定刚性的线材。粗线有力度感，细线有纤秀感；直线具有静态感，而曲线具有动态感，硬线材的构成形式主要有以下几种。

（1）自由构成：用一条连续的线材或多条线材进行的自由造型活动，弯折后形成的线段可呈现多种形态。

（2）线框构成：线框构成是线材构成中最典型的分割视觉空间的有效方式。由于线形在实际空间中并不占据多大的充实体积，因此最终视觉效果更多借助于框架线条之间的围合来形成使人产生心理感受的空间量场。线框由硬质线材构成，它是构成立体形态的骨格，决定立体构成作品的基本形态。硬线的不同形态和构成方式产生不同的线框形态，十二根硬线可以构成正方体、长方体、梯形体以及其他不规则体。将硬线构成的线框进行重复、渐变、密集等韵律构成，则形成丰富的立体形态，造成强烈的视觉冲击效果。

（3）线层构成：将硬线材的构成基本元素沿一定的方向轨迹作有秩序的层层排出，则会使呆板的硬质直线材变得趣味横生，具有很强的节奏和秩序感，尤其是在轨迹为曲线形态时。如图4-4所示，线材层层排出的基本形式有垂直重叠、错位层叠和移位层叠等形式。

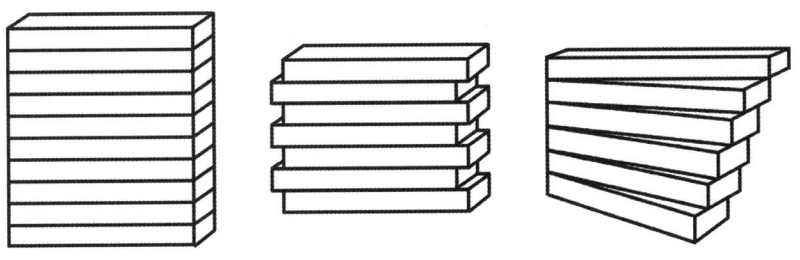

◀图4-4　线层构成

（4）桁架构成：桁架又称为网架构成，是采用一定长度的线材，以铰节构造将其组成三角形，并以此三角形为单位组成构造体。

2. 软线材构成

作为线材中的软质材料，软线材自身很难定型且视觉上缺少强度感，但若将其进行编织或依托硬性材质进行牵引或拉伸，则能获得较强的造型空间，同时也能提升它的强度感。造型丰富的中国结、盘扣就由软性线材编织、盘绕而成，传统纤维艺术所使用的材料大部分为软性线材。

软线材的构成形式主要有线织面的形式，也称为拉伸构成。主要是指软线材按照一定的秩序在硬材框架上做出排列而形成的线织面的构造形态。线织面是空间内含直线的曲面，有圆锥体面、圆柱体面、螺旋体面等，空间内的这些直线叫做母线。母线常以相当牢固的基本框架形式出现，通常在这种框架上钻孔或刻缝，使软线可以固定在上面。母线若在同一平面上，线织面基本上只表现出二维的特征，只有当母线不平行或不在同一平面内时线织面才呈现三维立体的效果。如果在平行框架上排列即是平行线层，如果在不同方向的线框上排列就会有旋转面的效果。

三、面

面在三维立体形态中是应用最广泛的形态要素，由于面是线移动的轨迹，其边界同时具有线的特征。面的视觉内涵轻薄而伸展，因形态的不同转换会呈现出线或体的特点。面在总体上给人的感觉相当于物体的"表皮"。

面是立体造型的根本，任何立体和空间形态都是建立在面上，任何形态的感知都通过面。面具有一种预定的节奏感，使立体和空间在深度和广度上按预定的方向发展，把全部最简单和最复杂的空间包含或分割，统一在同一的秩序之内。

在立体构成中，面大致上分为直面和曲面两大类，通过对面材表面进行卷曲、折叠、翻转、穿插等手段的处理，产生不同的形状给人形成不同的心理感受。如直面会产生平直、棱角、理性、结实的感觉，在形态上表现出男性化刚毅、有力的特征；而曲面会给人一种韵律、圆浑、感性、浪漫的感觉，在形态上表现出女性温婉、柔美的特征。

根据不同面材之间的相互位置关系和结构关系，可形成以下几种主要构成形式。

1. 面材折板构成

面材折板构成是将面材通过单折、重复折、反复折或曲线折等技巧将其构造为具有一定深度的三维空间立体造型。造型的关键取决于折线的位置处理及折叠角度的控制，面材的折叠与弯曲是面材构成中最容易实现的处理手段。

2. 面材平行堆积

用若干同类直面元素或曲面元素，在同一水平面上进行各种有秩序的连续排列而形成的立体形态，通过单元形的位置移动来表现运动变化。这种形态的特征是，正面是某个扩展的平面形的重叠，侧面则是线的积聚，一般能够产生秩序感很强的层次，面材边缘线的起伏变化将决定整体形态的面貌，如图4-5所示。

▲图4-5　面材平行堆积　　作者　顾婷婷

3. 面材插接构成

面与面之间不仅相接，而且互相穿插可形成内部空间形态，有很好的力学结构和实用功能。根据造型的需要，将面材的相应部位设置插槽，预留插口，然后利用插口进行连接组构立体造型。插接主要依靠基本形的相互钳制，形成较稳定的立体构造。用于插接的面材应有一定厚度，基本面形一般以几何形为主，几何形体的规律性较强，而且易于设置插槽的长度及位置。常见的几何基本面形如图4-6所示。

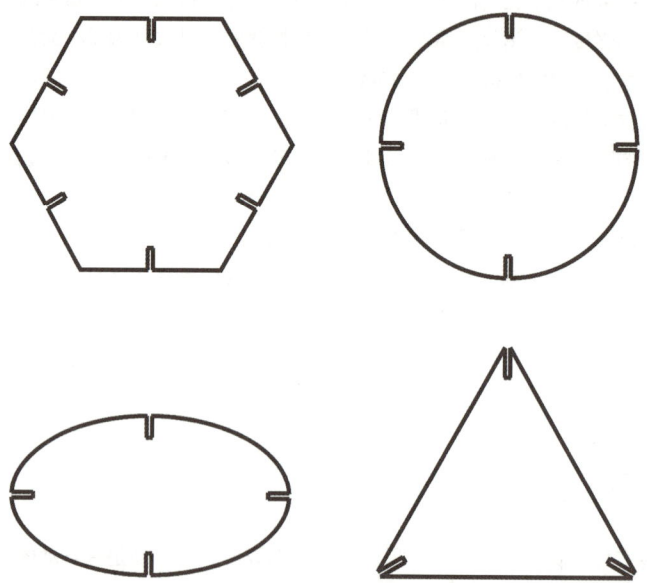

▶图4-6　面材插接构成

4. 壳体构成

利用面材的折叠或弯曲来加强材料强度的形态，称为壳体构成，通常分为球形壳体和桶形壳体两种。这种把平面通过折叠和粘接形成立体造型的方法，是二维形态转三维形态的典型构成方式。

四、体

体是三维立体空间中最能体现力量感和空间感的造型要素，是将面材的空间移动轨迹实体化的过程，体是三维基础形态中最完整的实体状态，其中涵盖了线的转折和面的包裹。体可以由面围合而成，也可以由块堆积而成，体块的形态特征充实、饱满、厚重、有力度，给人的感觉相当于形态的"肌肉"。

体在立体构成中按形态归类可分为自然形体、几何形体、有机形体。自然形体在自然环境中天然生成，偶然性强，给人感觉亲切、生动、自然；几何形体是经人们高度提炼、总结出来的立体形态，具备较高的逻辑性和秩序性，给人感觉理性、精确、规范；有机形体是在模仿自然生命的某些特征基础上归纳、抽象而成的，相对于几何形体的机械、固定、有棱有角而给人一种曲面丰富、融合、有机的感觉，具有一种很强的生命力。

体是具有长度、宽度、深度的三度空间形态，因而体又可以划分为块体、线体、面体、球体等。体具有连续的表面，可表现出很强的量感，其造型往往给人以充实感和稳定感。在实践应用中，作品的完成阶段都是通过体的变化来实现的，它不但能表现出作品的造型美，而且还能充分表达其材质的质量和设计创意。

体的造型可采用的材料种类很多，一般使用价格比较便宜并便于加工的材料进行训练，例如石膏粉、木板、胶泥等都是方便取用的材料。在制作成品时，可选用硬度较强、肌理效果比较丰富、美观的材料，如各种铜、铝、不锈钢等金属材料，或选用造价较低、加工方便的塑料、有机玻璃等原料。

1. 单体构成

早在20世纪初期，享有"现代绘画之父"盛名的保罗·塞尚（Paul Cézanne，1839—1906）就提出了"自然界中的物象皆可以还原为简化的球形、圆锥形、圆筒形的构成"。在单体构成的造型活动中，可以把不同的单体归纳成球体、圆柱体、圆锥体、立方体、方锥体等几种基本形体来加以研究。

在单体构成的训练中，可以用等量分割、等形分割、比例分割等几种方法进行实践。

（1）等量分割：如图4-7所示，分割后的子形体量与面积大致均衡，但是形状却有所不同。由于这种分割产生的子形形状相异，在构成处理时不易协调在一起，因此要充分考虑原形对子形的影响，使之具有一定的完整感，使若干子形在变化中统一起来。

（2）等形分割：如图4-8所示，经过等形分割，由于子形相同，在构成处理时很容易协调相互关系，因此在构成新的形态时相对会有较大的处理空间，其中子形的构成是造型的关键步骤。

（3）比例分割：如图4-9所示，即按照体块形态量的比例关系，按照一定的比例模数进行分割，如1/2、1/3、1/4……分割后所产生的形态需有秩序、节奏和逻辑美感。

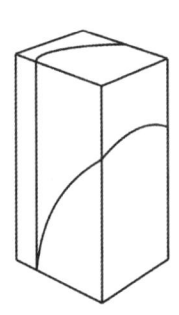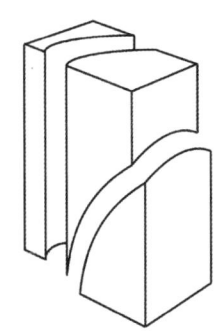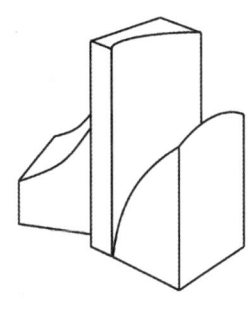

◀ 图4-7　等量分割

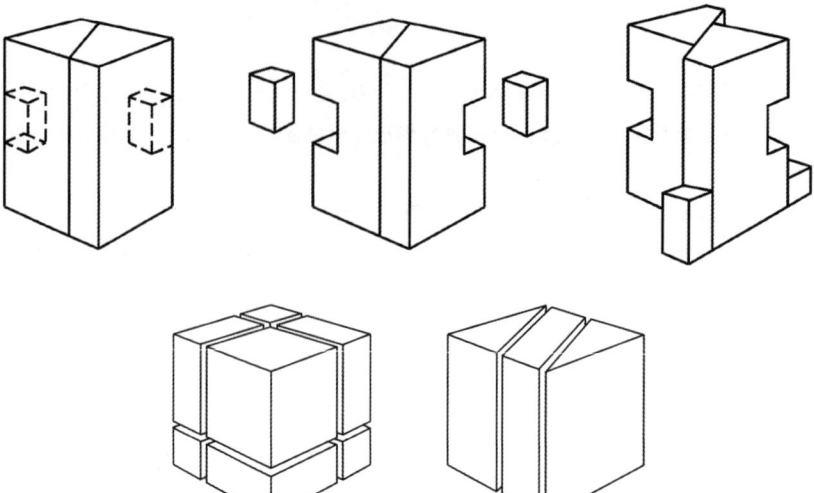

▶ 图4-8　等形分割

▶ 图4-9　比例分割

（4）自由分割：如图4-10所示，由于在自由分割中所产生的子形缺乏相似性，因此要注意子形与原形的关系，同时还要注意子形与子形之间的主次关系，这样有助于使造型避免凌乱，从而达到统一的状态。

▶ 图4-10　自由分割

2. 组合体构成

组合体的单元形体，可根据形式美法则的规律，加以垒积或组合，形成积聚、大小、高低、疏密、曲直或重复等种种造型变化。

在组合体构成训练中，可以用积聚组合、排列组合、形体重构等几种方法进行实践。

（1）积聚组合：积聚是两个以上单体或在形体分割的基础上进行重新组合而构成新的形态，也可以是相同或相似的单体组合。

相同单体组合的变化可以采取位置、数量和方向的变化，如图4-11（以正方体为例）所示。

不同单体的组合可以是不同大小、不同形状单体的组合，也可以利用不同单体作渐变式排列以获得较好的效果。如单体形由方至圆的渐变、由曲至直的渐变、由大至小的渐变等。

（2）形体重构：这一类构成方法是将原形进行变形，使之产生要瓦解原形的倾向，将几何体向有机形体转化。

重构的方式有扭曲，即破坏原形的方向是以曲线来体现的，例弯、卷、扭等，使形体柔和富有动感；或者拉伸，即破坏原形的力是以直线方式相对进行的。

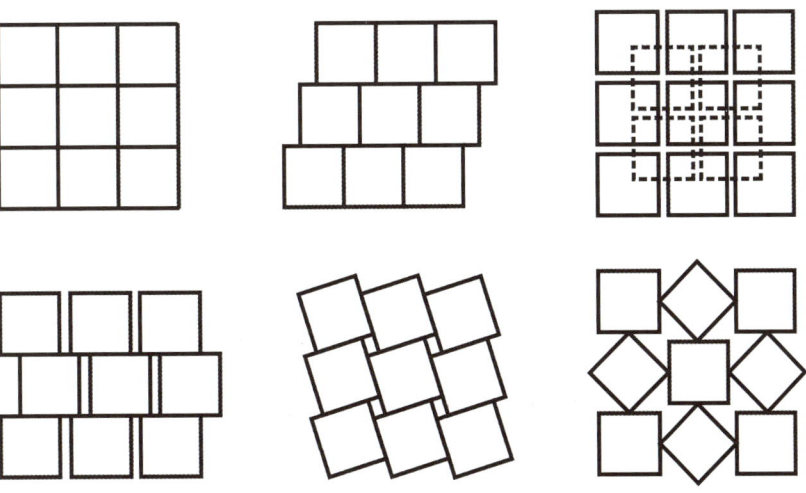

◀ 图4-11　积聚组合

五、点、线、面、体的关系

在三维形态空间中，点、线、面、体这四个造型要素体现了一个由此及彼的衍生关系，下面以三维建模软件Rhinoceros的建模过程为例来说明。如图4-12所示是一款家居服务机器人的外观设计方案（作者：沈立扬）。图4-13为机器人的头部形态设计过程，共有9个关键点控制了头部的外形轮廓线的走势。图4-14中显示，由这9个控制点所生成的1条轮廓线和7个正圆轮廓线组成的总共8条关键曲线最终生成了头部的关键曲面，图4-15中当头部的左右两个端面全部闭合时，就最终完成了头部的实体。同样，服务机器人身体的其他各部分也要按照这样由此及彼的逻辑推导去建立点、线、面、体之间的关系，从而最终完成整体三维形态的设计方案。

▲ 图4-12　一款家居服务机器人的外观　作者　沈立扬

▼ 图4-13　生成头部曲线的关键点

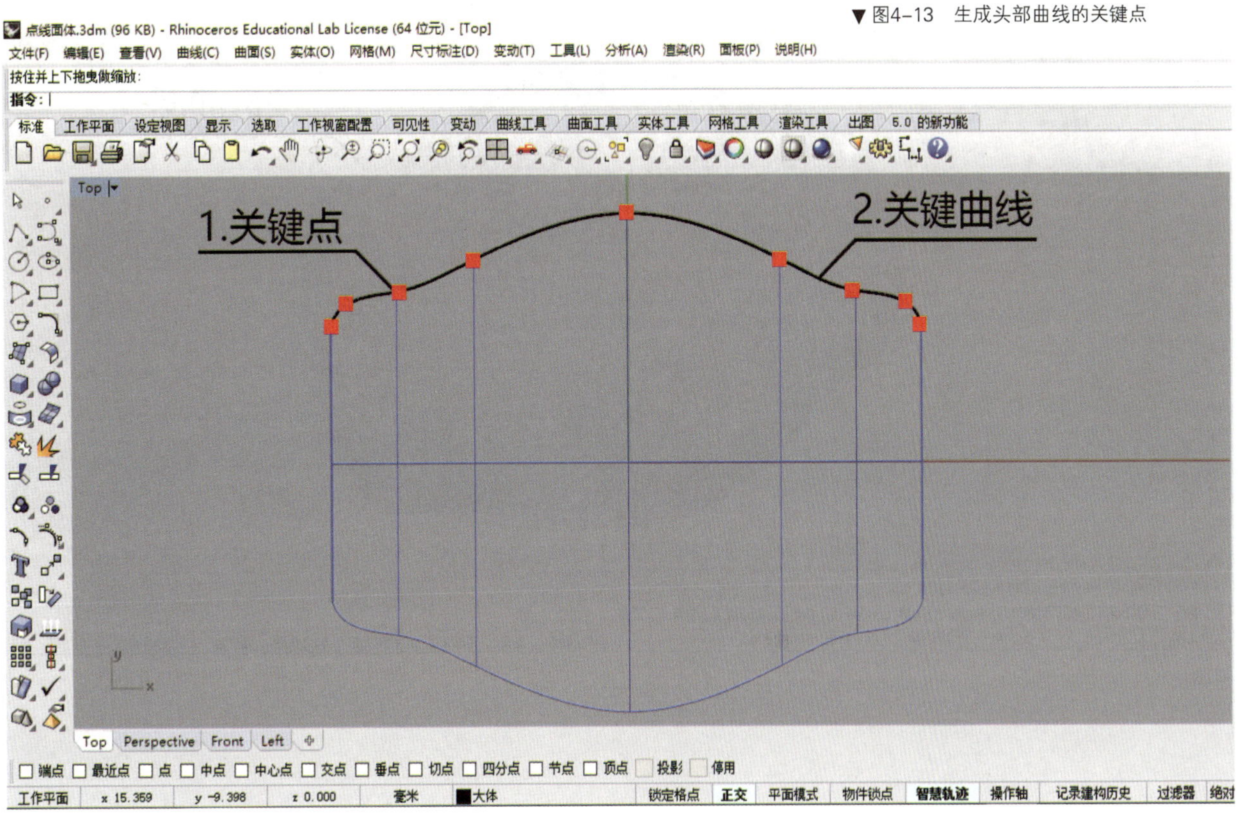

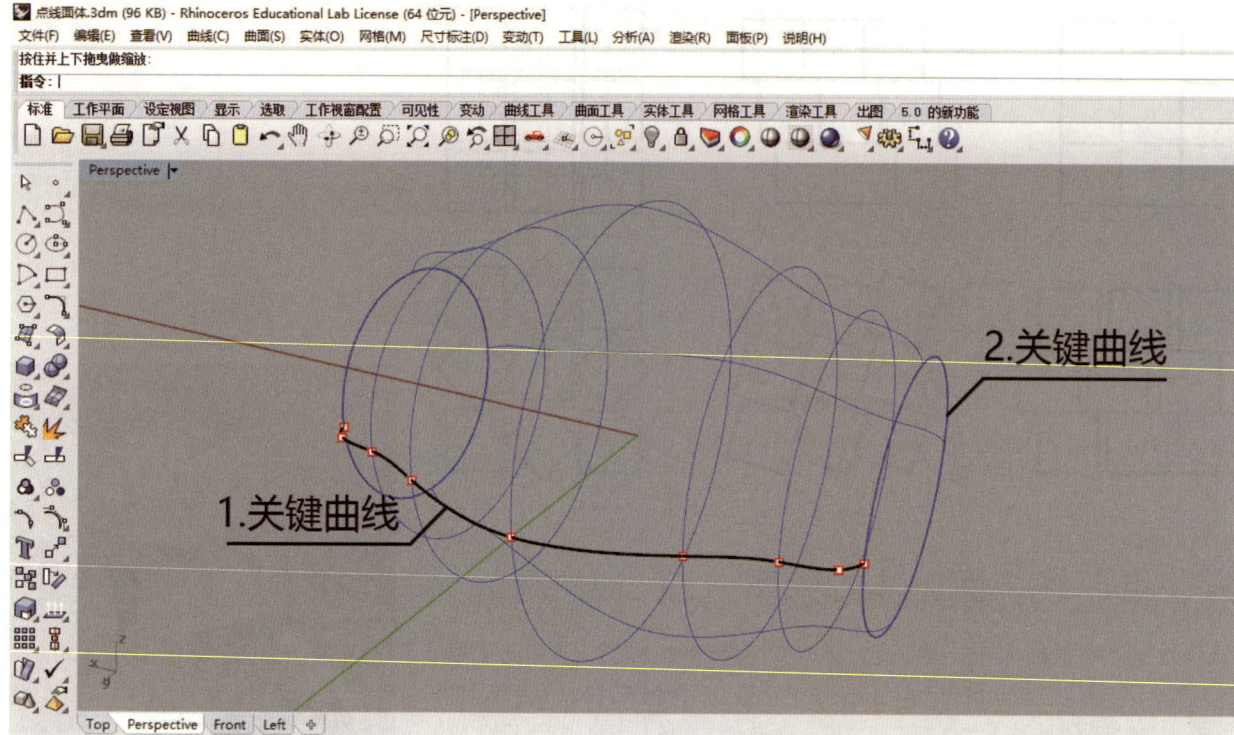

▲ 图4-14 生成头部曲面的关键曲线

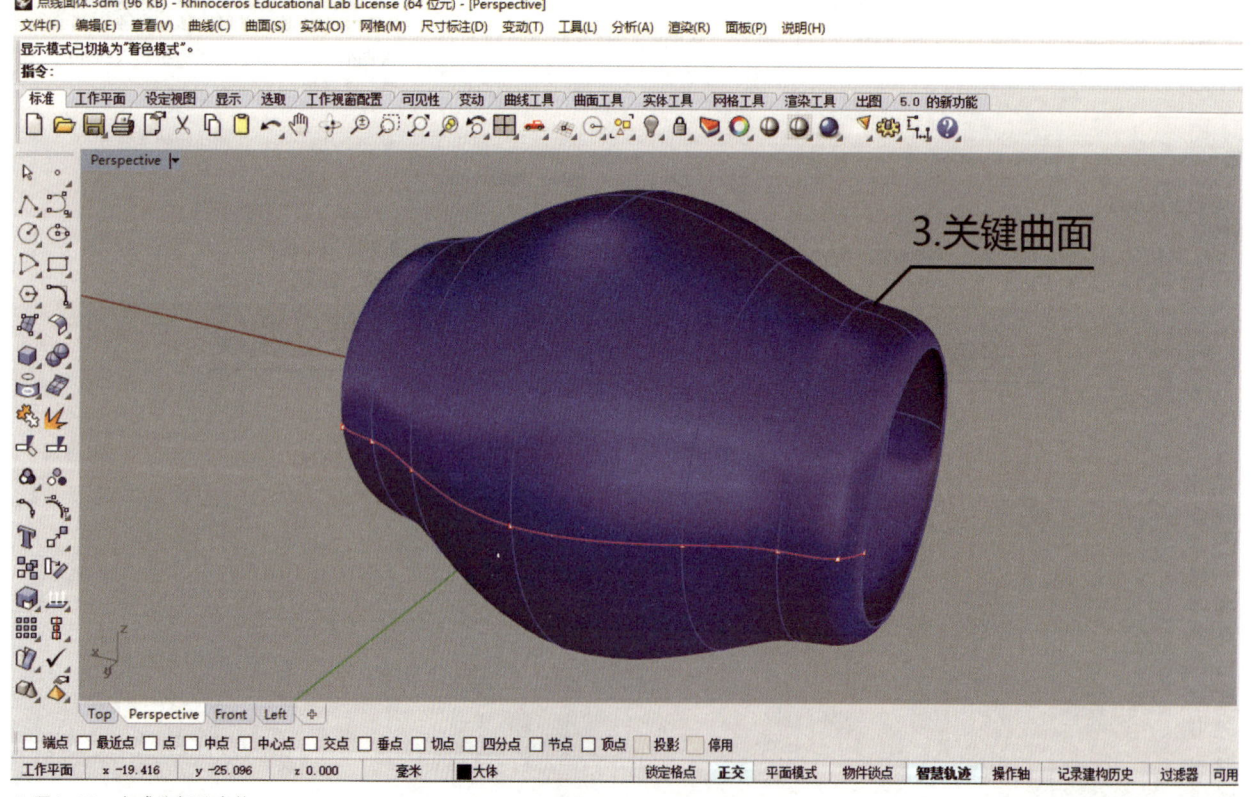

▲ 图4-15 完成头部的实体

第四节 立体构成的表现形式

一、点材构成

实战训练1　"纽扣"点构成设计

训练要求：请先用铅笔在卡纸上完成平面图的绘制，然后选择合适的纽扣进行拼贴并完成设计。

命题解析：本次实战训练指定采用的材料是纽扣，这是客观存在于立体空间的点的三维实体。从这个训练开始，学生原先在平面构成中的设计思维要开始慢慢向立体转变。创作过程中学生要充分利用不同纽扣的颜色、形状和表面肌理来构成画面，可以根据作品的主题用彩笔绘制或卡纸折叠等方法对纽扣拼贴完成的画面主体进行辅助表达。

图4-16至图4-22为学生用纽扣完成的点构成设计。

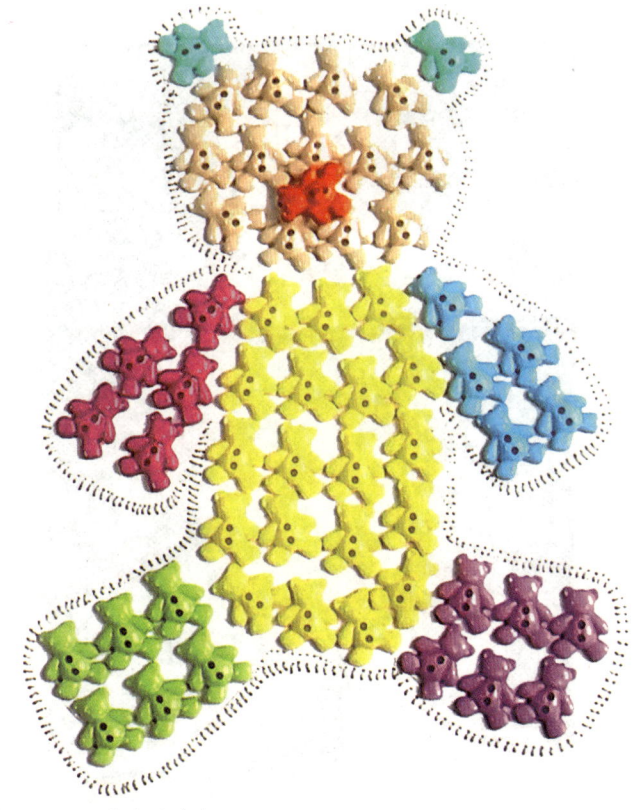

▲图4-16　作者　肖洁琼

▲图4-17　作者　杨瑞

▲ 图4-18　作者　陆程程

▲ 图4-19　作者　张晨蕾

▲ 图4-20　作者　顾晓蓓

▲ 图4-21　作者　王晨奕

◀ 图4-22　作者　胡嘉俐

二、二点五维构成

二点五维构成又称为半立体构成，是一种介于平面构成和立体构成之间的造型形式。其以平面为基础，在上面进行立体化的加工，使之不仅在视觉上呈现立体感，在触觉上也具有立体感。

二点五维构成的训练是通往立体构成三维空间的必经之路，是设计思维从二维平面向三维空间转化的一个关键过程。二点五维构成的造型技巧包括剪切、折叠、嵌集、粘贴等。由于纸材具有价廉、易折、剪切、弯曲的特点，因此常常用纸材作为二点五维构成的主要训练材料。

1. 二点五维抽象构成

二点五维抽象构成的训练目的是要把握构成要素在变化中的规律性和系统性，并注意要遵循形式美法则的构成美感和逻辑构思的系统性。

二点五维抽象构成的设计与制作手法主要有以下几类。

（1）折叠：它的基本原理是将平面的材料通过对折线的切和压以形成折痕，再沿着折痕线进行正或反的折叠以产生不同的立体造型。折痕线的设计一般按重复、渐变、平行、交叉、直线、曲线等构成规律编排，折叠方向为上凸和下凹交替进行，在不同的光线照射下能产生丰富的立体效果。

（2）切割：这种手法不但可以使平面材料立体化，还可以加强空间感。在安排切割时，要注意切割线之间的关系，注意疏密变化，同时也要注意构成感觉的整体性。

（3）粘接：通过粘接可以使一些简单的基本形以不同的造型聚合起来，形成集聚的构成效果。

（4）拉伸：在具体设计制作时，常常在切割后使用拉伸这一手法使其产生不同的造型。

实战训练2　单个二点五维抽象构成设计

训练要求：用卡纸完成一个二点五维抽象构成的设计。通过对预先裁剪好20cm×20cm尺寸的一张正方形卡纸进行折叠、切割、拉伸、翻转等加工，完成设计和制作。同时，当所有的折叠、拉伸和翻转取消后，作品能重新回归到平面。

命题解析：训练学生掌握相同的形态表现形式在二维平面和三维空间之间的转换技巧，这是让学生的设计思维从二维过渡到三维的过程中不可或缺的重要步骤。

图4-23至图4-26为学生完成的单个二点五维抽象构成作品。图4-23和图4-25都是俯视角度观察下的作品，在二维的平面构成中学生能用笔轻松勾画出相应的图形，但是要在三维空间中再现同样的形态，构成手法会更复杂。图4-24和图4-26是同一个作品在立体透视角度下的重新呈现。

▲图4-23　作者　蔡瑞虹

▲图4-24　作者　蔡瑞虹

▲图4-25　作者　蔡瑞虹
▶图4-26　作者　蔡瑞虹

如图4-27至图4-28所示，是平面构成中重复构成的手法在二点五维抽象构成中的应用。

如图4-29至图4-32所示，是平面构成中渐变构成的手法在二点五维抽象构成中的应用。

▲图4-27　作者　崔亦娴

▲图4-28　作者　盛　韬

▲图4-29　作者　方铭洲

▲图4-30　作者　顾　静

▲图4-31　作者　缪佳敏

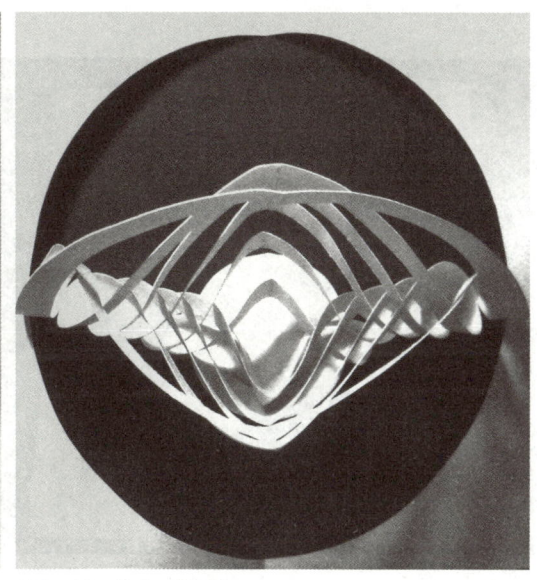
▲图4-32　作者　黄耀玲

如图4-33至图4-41所示，作品的图面都有一个中心点，同一作品中所有的形态要素都围绕该中心点呈发射状构图。

▲图4-33 作者 芮筱雨

▲图4-34 作者 钱新叶

▲图4-35 作者 朱 润

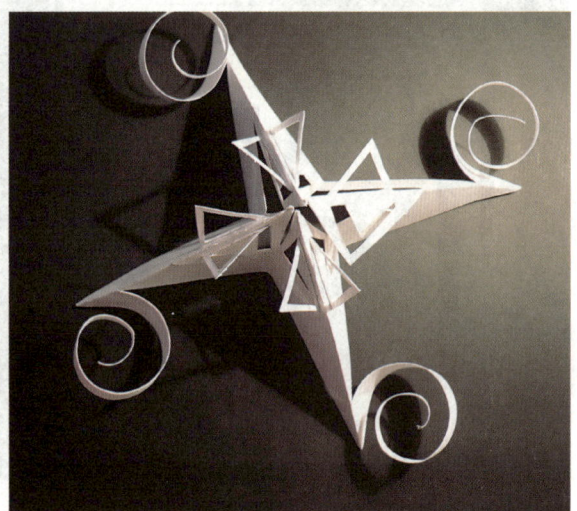

▲图4-36 作者 吴元欣

▲图4-37 作者 聂 品

▲图4-38 作者 綦晓东

▲图4-39 作者 芮筱雨

▲图4-40 作者 杨 瑞

▲图4-41 作者 邵杨芸

如图4-42至图4-43所示,是对作品进行了更加复杂的折叠和翻转后所呈现出来的视觉效果。

▲图4-42 作者 茹秋石

▲图4-43 作者 茹秋石

实战训练3 二点五维抽象构成的族群形象设计

训练要求：用卡纸完成四个二点五维抽象构成的设计。对预先裁剪好10cm×10cm尺寸的四张正方形卡纸进行折叠、切割、拉伸、翻转等加工，完成设计和制作。要求这四个作品在族群形象上既有统一的识别性，又有自己单独的形态特征；此外，与前一个实战训练的要求相同，当所有的折叠、拉伸和翻转取消后，作品能重新回归到平面。

命题解析：在学生完成实战训练2的基础上，进一步训练学生对相同形态的二维和三维表现形式进行转换思考的能力。但是，这一次的设计过程中需要学生考虑四个作品之间在形态上的关联度，即怎样做才能让族群里的作品"既像又不像"。

图4-44至图4-49为学生完成的二点五维抽象构成的族群形象设计作品。在每一组作品中，都能找到其共同的族群形象。就像人类的外貌特征一样，单眼皮、高鼻梁或尖下巴，总有一些外貌特征会在有血缘关系的人类大家族中世世代代相传。因此，家族中的祖辈、父母辈、平辈或晚辈的外貌总会有一些相像之处。在形态的构成表现中，同样也存在这样有趣的现象。平面构成中求得一组近似形态的方法主要是依赖于基本形在形态上的轻度变化；在立体构成中，除了形态上的近似设计，还应考虑如何在卡纸的加工手法上，如折叠、切割、拉伸、翻转等去寻求更多的统一，这样才能求得三维空间中的近似形态。

与上一组作品相比较，图4-50至图4-53所示族群中每一个10cm×10cm的小单元形的二点五维构成设计都完成得不错，但是每组作品的族群形象却不是非常鲜明。所以，在完成这一实战训练时，应重点思考对于族群整体形象的系统设计。

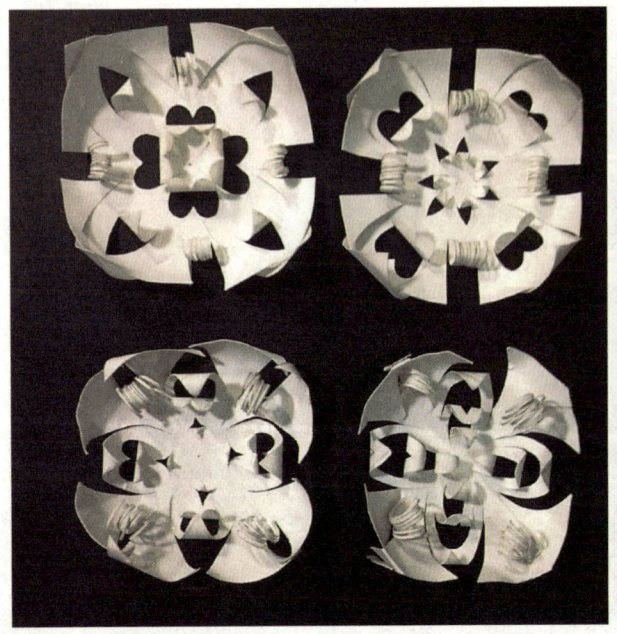

▲图4-44　作者　张林童

▲图4-45　作者　胡嘉俐

▲ 图4-46　作者　杨露生

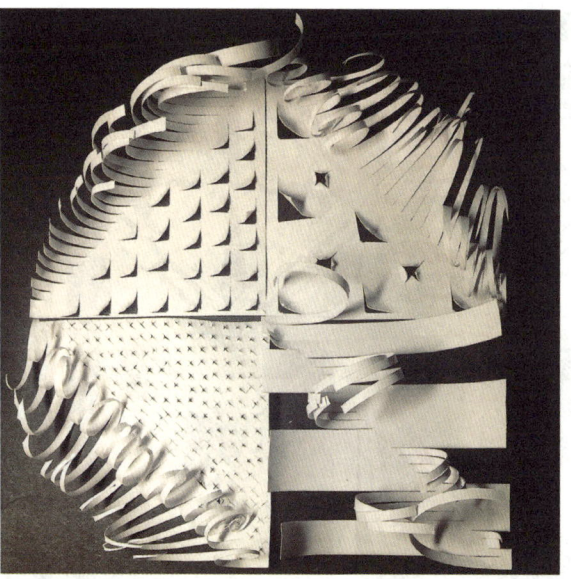
▲ 图4-47　作者　陆晓燕

▲ 图4-48　作者　徐丹丹

▲ 图4-49　作者　周阿丹

▲ 图4-50　作者　吴元欣

▲ 图4-51　作者　张靖宇

▲图4-52　作者　陆程程

▲图4-53　作者　顾晓蓓

2. 二点五维具象构成

二点五维具象构成可以表现很多事物，如动物、人物、植物等。在表现过程中，要概括表现事物最主要的关键形象特征，舍弃其余烦琐的细微变化，并适当夸张其造型的韵律，使作品富有立体倾向及装饰效果。

在加工方法上，具象构成的构造较为复杂，而不能拘泥于某几种加工形式，必须将二点五维抽象构成所实践过的各种手法综合加以应用。下面介绍二点五维具象构成的几种造型规律。

（1）要使局部凸出来，首先还要切掉其局部，或者要有凹下的部分加以平衡。

（2）自由曲面的加工，要根据曲面结构的造型变化，做出自由曲面的预折加工线，要反复地尝试，才能够较为准确地表现造型对象的起伏关系。

（3）有的部位要适当运用切割与加工技法来表现，切割与拉伸造型都可以表现出多种造型变化。

实战训练4　二点五维具象构成设计

训练要求：选定植物、动物或者人物作为表现对象，选用恰当的颜色和纹理的纸材完成二点五维具象构成作品。

命题解析：在学生完成实战训练2、3的基础上，进一步强化训练学生的设计思维从二维平面过渡到三维空间。同时，使学生掌握对具象形进行抽象概括的能力和方法，即如何准确把握被表现对象的特征形，并能综合运用纸材的各种加工技巧加以表现。

如图4-54至图4-57为二点五维具象构成的作品。四位作者均准确理解和把握了对象的特征形，即蝴蝶的翅膀、刺猬身上的刺、花朵的花瓣和茎叶、小鱼的鱼鳞，并采用恰当的纸材加工技巧来实现，取得了很好的视觉效果。

▲ 图4-54　作者　王国文

▲ 图4-55　作者　曹　懞

▲ 图4-56　作者　潘梦迪

▲ 图4-57　作者　周　琦

三、线材构成

在前述本章第三节的相关内容中提到，线材构成设计中用到的主要有硬线材和软线材两种。由于软线材很难独立成型，大都需要借助硬线材作为支撑框架，所以实战训练较多采用硬线材来完成设计。实战训练5是用铜丝进行的自由构成设计，实战训练6让学生自由选择硬线材完成线框构成、线层构成或桁架构成的设计。

实战训练5　铜丝的线材构成设计

训练要求：用2mm直径铜丝作为作品的主体形态，1mm直径铜丝可作为缠绕连接用，制作体积在15cm×15cm×15cm范围内的一件自由构成作品。制作前能用设计草图的方式表达设计创意，并估算铜丝的用量。设计方案时尽可能减少作品的连接点，尽量用一根铜丝成型来完成作品的主体。

命题解析：通过本次实战训练，学生能掌握利用铜丝进行线材构成的基本方法，如铜丝的弯、折、焊接、打磨等基本手法，以及铜丝的校直和锤打，培养学生进行线材构成设计的形式美感。

本次实战训练用到的工具和材料主要有以下几类。

（1）材料：1mm和2mm直径的铜丝若干、焊锡丝等；

（2）成型工具：尖嘴钳、斜口钳等；

（3）焊接工具：电烙铁、烙铁座、隔热板、镊子等；

（4）其他：工作桌、电插座等。

首先根据完成的设计草图下料，剪切足量的铜丝备用；然后根据设计草图把设计方案分成若干加工单元，并计划好制作顺序；按部就班地对各个铜丝单元进行塑型，再依次焊接各铜丝单元，最后对焊接部位进行打磨，使其在牢固的同时尽可能美观。

下面就制作中可能会遇到的操作及相关技巧进行说明。

（1）铜丝的切割：根据设计草图中模型的尺寸测算出不同单元铜丝的长度，切割时要留有余量，以便之后调整。

（2）铜丝的打弯：先用尖嘴钳校直铜丝，然后钳住铜丝的两头，在垂直方向上弯转铜丝，边弯边调整力度和角度，接近预期造型后再用尖嘴钳细微调整局部的曲度。有时可借助台虎钳固定铜丝的一端进行弯折，这样比较省力。为了不损坏铜丝的表面质量，制作时应尽量避免留下钳压的痕迹。采取的办法之一是利用现成的模具，如铁钉、笔、管、柱等来制作一定曲率的弧线，或者先垫上有韧性的材料（如胶布），再进行钳压。

（3）铜丝的锤打：用锤子锤打铜丝时，要边向下击打，边向一侧偏移，这样可以打出较为均匀的过渡。

（4）铜丝的焊接：将小部件焊接到大部件上，这样操作起来比较容易。焊接时最关键的是被焊接的部位不能随便移动，否则很容易焊歪，因此需要使用一些固定工具，如镊子等。熔化的焊料需包裹住整个焊接部位，经常是一面焊接完再在反面进行补焊。焊接部位的焊锡块并不是越大越牢固。判断焊接是否牢固主要是看焊锡能否均匀包裹住连接部位，焊接部位应尽量避免应力的产生。由于焊锡与铜丝的颜色不一致，会影响作品的整体视觉形象，因此尽量减少焊接点，鼓励学生借助铜丝部件本身的形态特征去完成连接。

（5）铜丝的打磨：考虑到最后的模型仍要保留铜丝原有的色泽，建议不要对铜丝本身进行打磨，因为其表面氧化层一旦被破坏就容易变得色泽较暗，不那么好看了。只需要对少量的焊接点进行打磨即可。

图4-58至图4-59中的蜗牛主体用一根2mm直径铜丝成型，只在触角等部分少量使用了1mm直径细铜丝，且没有采用焊接，全凭作品本身的形态特征来实现在空间中的稳定，一气呵成，简洁优雅。

图4-60是用三根铜丝制作的弹吉他小人。其中，头部与身体、两只手臂与吉他分别是一根铜丝，两条腿与两只脚也是一根铜丝，三个部件没有采用焊接，而是巧妙利用每个部件的形态特征去穿插或扣合以完成整体连接。

图4-61至图4-64是一组铜丝的线材构成作品。根据每个作品的特征，适量的采用了焊接来连接。

第四章 立体构成　071

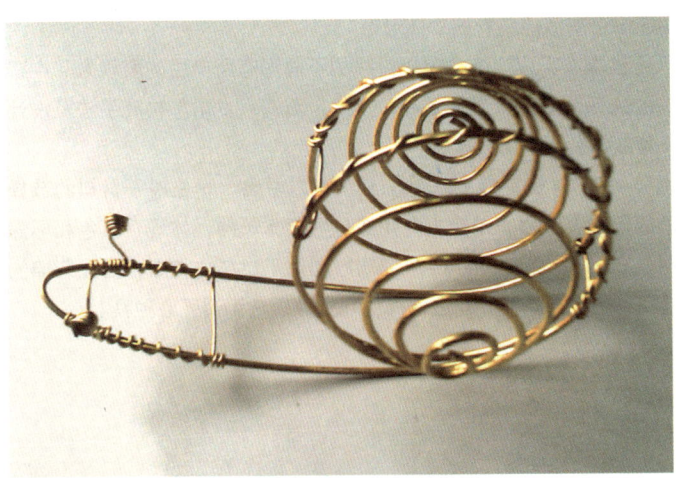

▲图4-58　作者　高金平

▲图4-59　作者　高金平

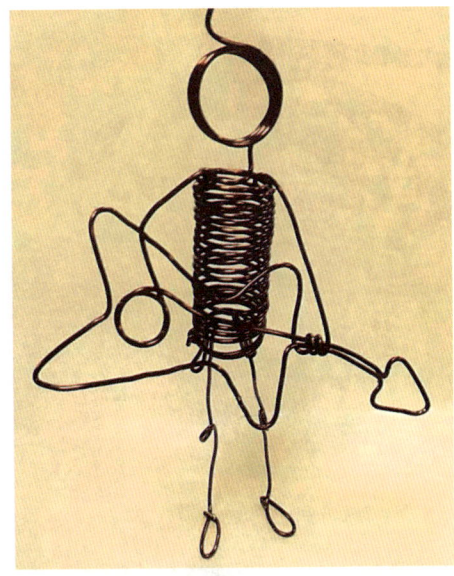

▲图4-60　作者　欧细凡

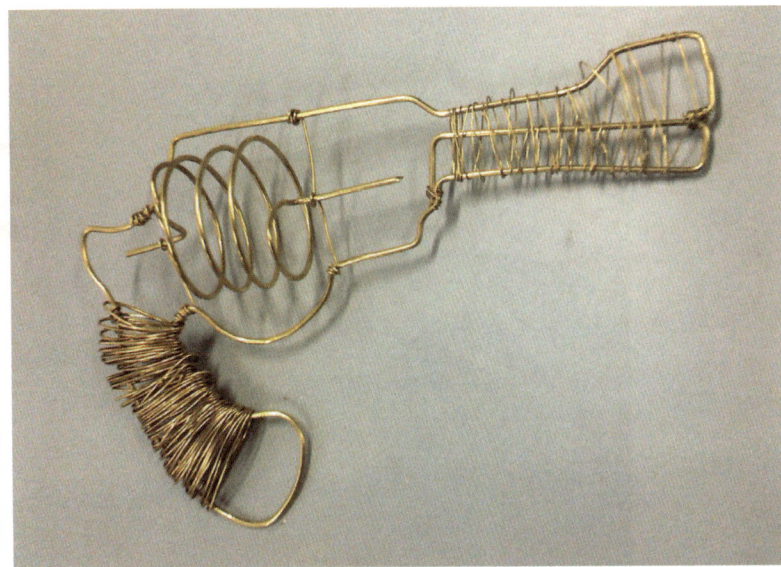

▲图4-61　作者　茹秋石

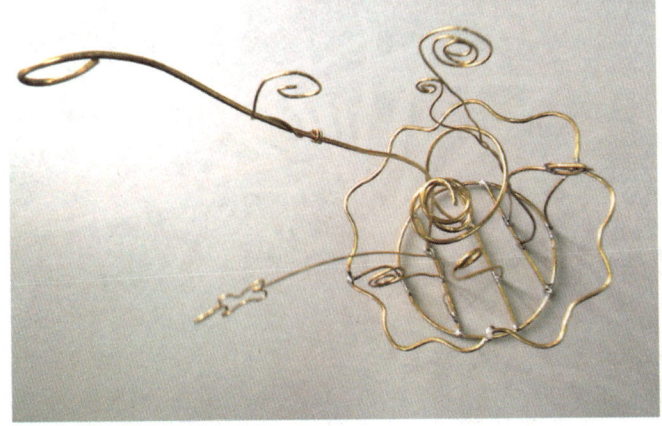

▲图4-62　作者　刘慧

▲图4-63　作者　李梦蝶

实战训练6　自选材料的线材构成设计

训练要求：运用硬线材作为作品的主体框架，部分连接结构可以采用软线材，进行线框构成、线层构成或桁架构成的设计；要求作品能体现跳跃、冥想、律动等风格，创造出带有情感色彩的立体形态。

命题解析：通过本次实战训练力求探讨线的不同形态所产生的表现力和丰富的情感性格之间的关系；要充分运用重复、近似、渐变、发射等构成手法及设计的形式美法则来营造作品的整体韵律感。

图4-65至图4-72为学生完成的作品。从中可以看出，学生对于材料的选择是经过精心思考的，很多线材都是废物利用或是低成本选购，体现了绿色和环保的设计宗旨。图4-65、图4-70和图4-71都巧妙利用了材料的特点，如火柴棒的红头、铅笔的笔帽和化妆棉的棉头创造别样的视觉效果，可谓匠心独具。

▲图4-64　作者　蔡瑞虹

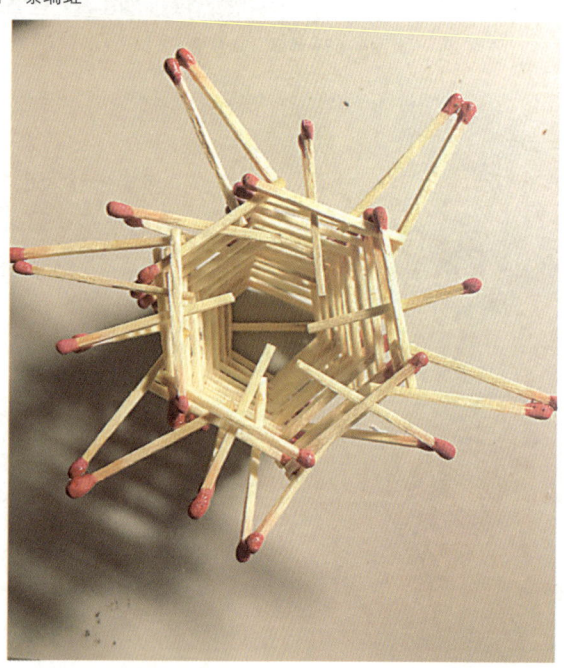

▲图4-65　作者　曹骐

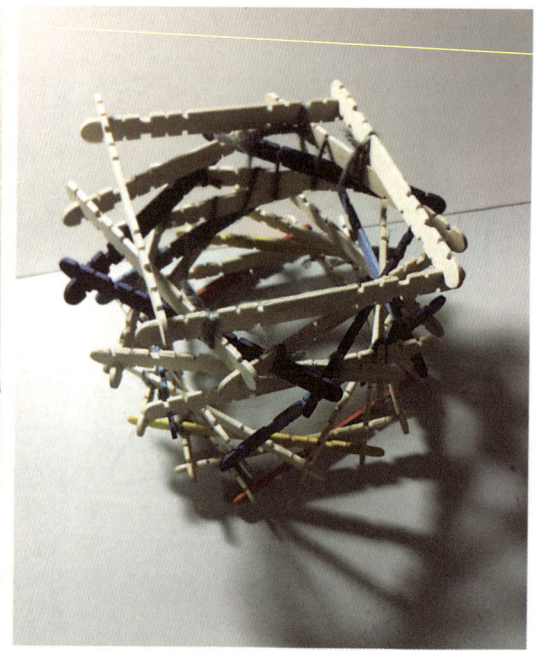

▲图4-66　作者　芮筱雨

▲图4-67　作者　秦晨

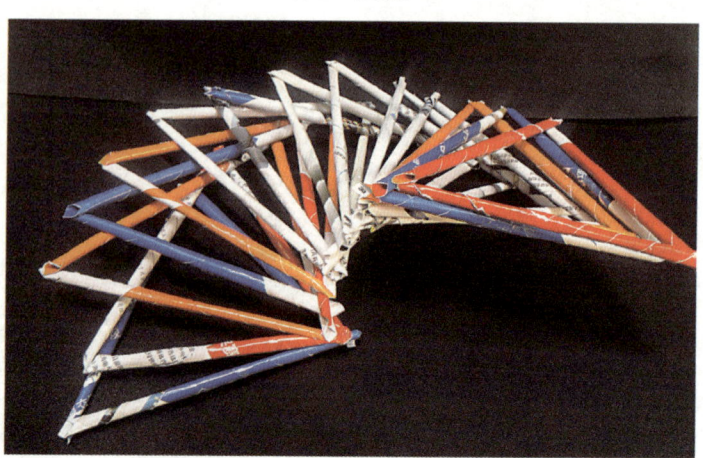

▲图4-68　作者　孙悦

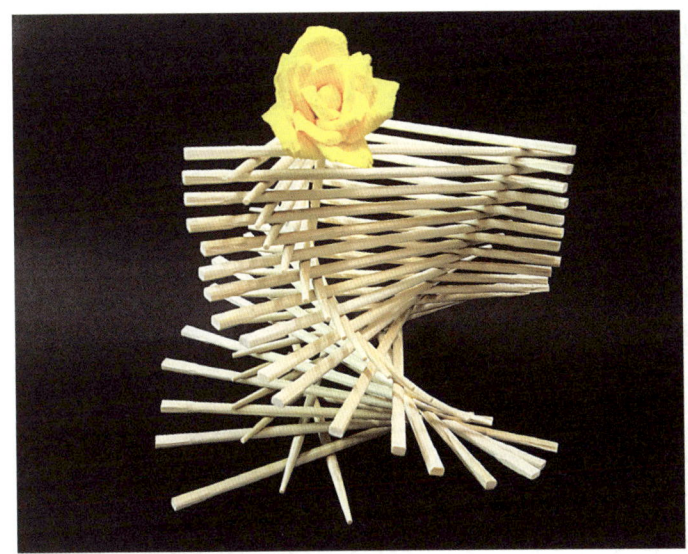

▲图4-69 作者 徐镁子　　　　　　　　　　▲图4-70 作者 杨 瑞

▲图4-71 作者 褚舒舒　　　　　　　　　　▲图4-72 作者 喻 晖

四、面材构成

柱式构成是用平面的纸材料通过弯曲或折叠加工来完成设计与制作的，主要需把握以下几个要点。

1. 柱型变化

柱型包括圆柱、棱柱、组合柱式、不规则柱式等。柱型变化是整体造型的关键，其他变化都是围绕着柱身的形状造型进行的，如图4-73所示。

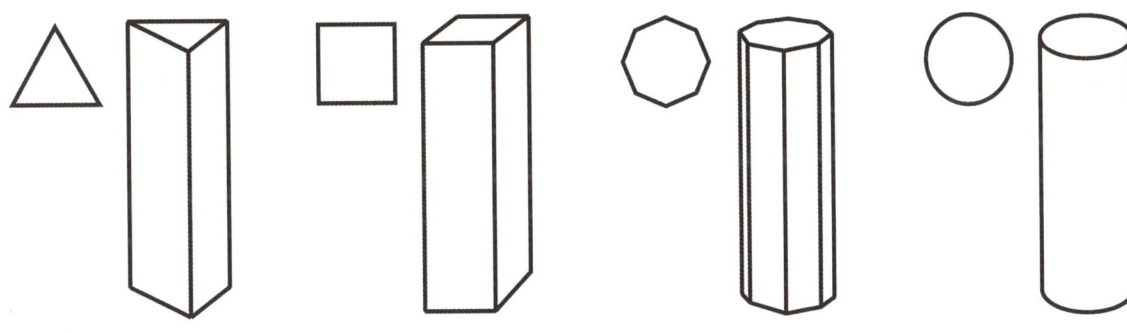

▲图4-73 柱型变化

2. 柱面变化

柱面的变化包括两种，其中圆柱的柱面较大，没有棱和角的限制，实施造型的自由度较大。棱柱的柱面受到柱棱的限制，柱面可以通过折叠、切割、拉伸、翻转的加工方法进行造型变化。

如图4-74所示，用折叠的加工方法来完成柱面变化设计,在卡纸上用淡铅笔画出折痕线，再按照折痕线进行折叠。首先按平行线折出纵向的折叠，然后展开纸面，再按照折痕线折出斜向折叠，注意折叠线要细致、干净、利落。折叠是平面转向立体的第一种加工方法，也是纯粹用折的方法来完成的半立体造型。因为此折法的视觉效果类似蛇腹表皮的纹理，所以起名为蛇腹折。图4-75所示为蛇腹折的变异形态——金字塔折。

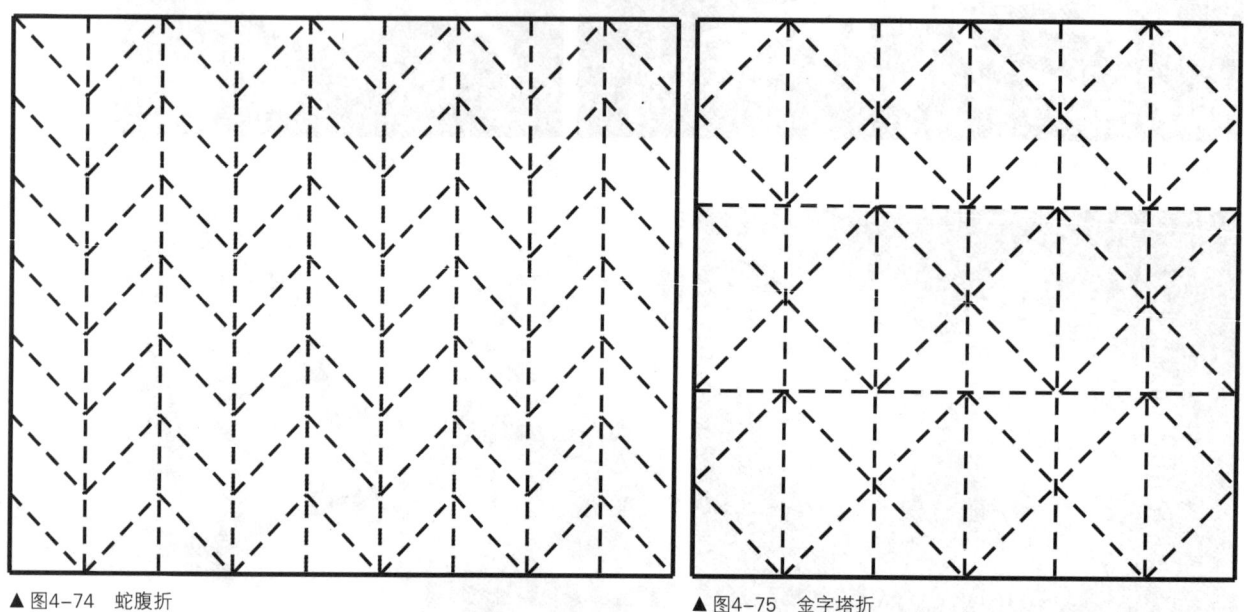

▲图4-74 蛇腹折　　　　　　　　　　　　▲图4-75 金字塔折

如图4-76所示，将柱面做切割后，对切割部位进行了折叠的加工方法。

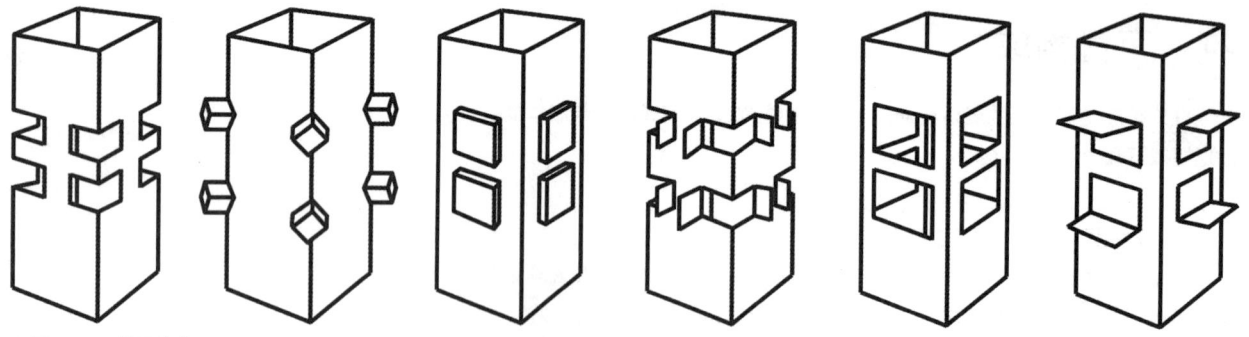

▲图4-76 柱面变化

3. 柱棱变化

柱棱变化主要针对的柱型是棱柱，采用的方法是不平行柱棱、曲线式柱棱、折线式柱棱、附有形态的花样棱线、柱棱单线变复线等，如图4-77所示，当然也可以用压曲和切割折曲的加工手段。

4. 柱端变化

柱端为柱体的两端部分。在图4-78中，主要针对柱端进行了设计变化；反之，如果柱棱和柱面已经有了丰富的造型变化，柱端就可以不做表现了，以免画蛇添足。

▲ 图4-77 柱棱变化

▲ 图4-78 柱端变化

实战训练7　柱式构成设计

训练要求：用卡纸完成柱式构成设计。通过对预先裁剪好合适尺寸的一张卡纸进行折叠、切割、拉伸、翻转等加工，然后再将两端黏合在一起，形成上下贯通的筒形结构。

命题解析：侧重训练学生对于面材的造型要素进行变化设计的能力。要求学生能准确把握纸材的材料特性，并充分利用其特有的加工工艺，如起筋、浮雕、麻面、凹凸、破裂等创造出具有丰富视觉效果而又结构坚实的立体形态。

图4-79至图4-82中的作品以黑卡作为柱式构成的基本材料，另外穿插了少量的彩色卡纸在柱端和柱面做了点缀设计，可谓别出心裁。

▲ 图4-79　作者　聂品　　　▲ 图4-80　作者　吴元欣

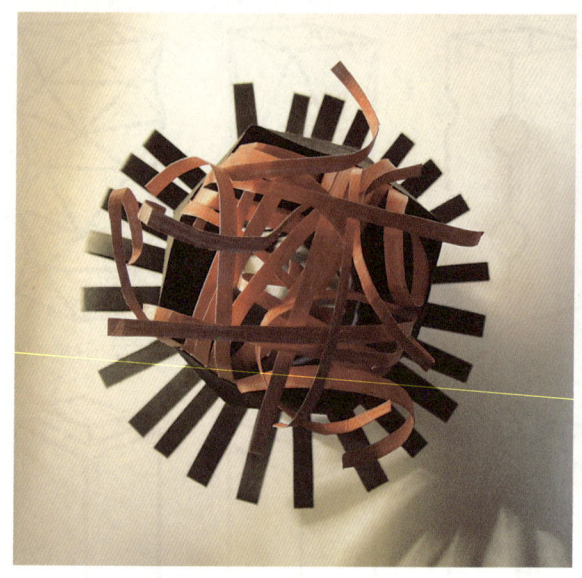

▲ 图4-81 作者 聂 品

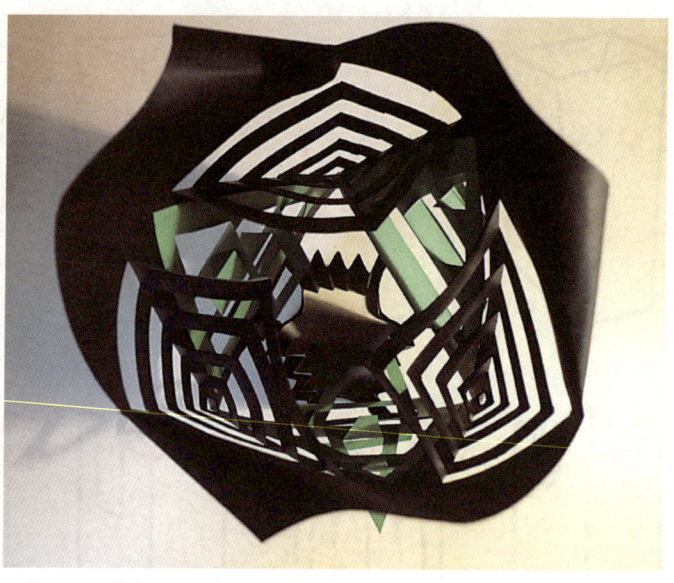

▲ 图4-82 作者 吴元欣

图4-83至图4-88中三个作品的柱端引入了渐变、发射等构成形式，并采用了编织、卷曲、弯折等加工手法进行了表现。

▲ 图4-83 作者 乐中正

▲ 图4-84 作者 缪佳敏

▲ 图4-85　作者　乐中正

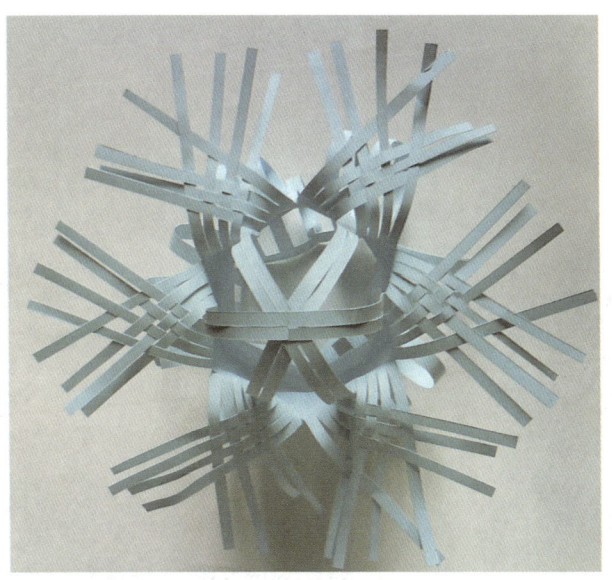
▲ 图4-86　作者　缪佳敏

◀ 图4-87　作者　徐靖炯
▲ 图4-88　作者　徐靖炯

图4-89至图4-95的作品主要针对柱面做了折叠、镂空、折曲等处理。

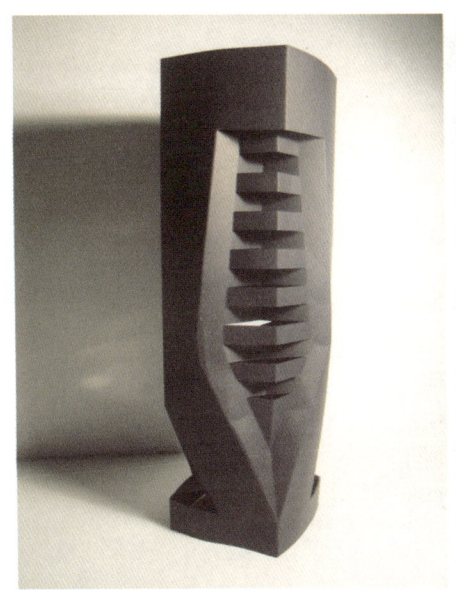

◀ 图4-89　作者　何雯靓
◀ 图4-90　作者　茹秋石

▲图4-91 作者 马千一

▲图4-92 作者 顾静

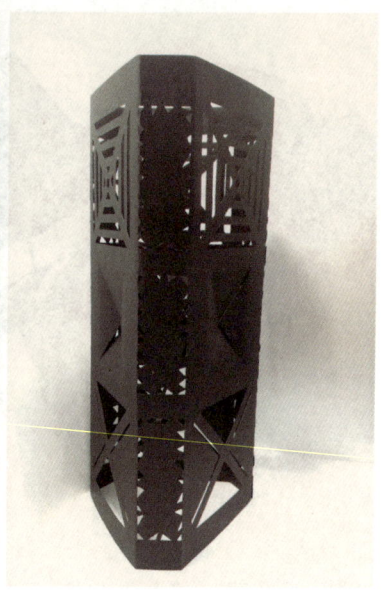
▲图4-93 作者 方铭洲

▲图4-94 作者 蔡瑞虹

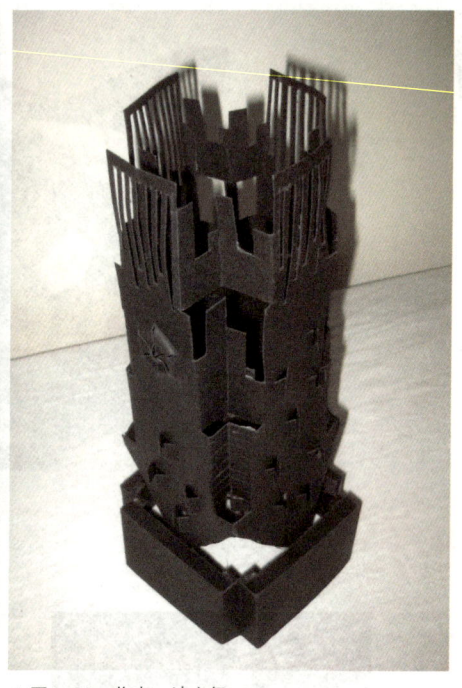
▲图4-95 作者 沈立扬

实战训练8　系列柱式构成设计

训练要求： 掌握柱式构成的不同变化手法，设计与制作三个不同的柱式，在形态语意设计上既有联系又有区别，能形成一组系列作品。

命题解析： 实战训练7侧重训练学生对于单个柱式进行设计的能力，在此基础上本次实战训练需要具备系统设计观，通过变化形态以及选择合适的加工手法可以控制系统内的三个柱式作品既有相似的形态语意，又有自己独特的风格。通过这样的训练能使学生初步具备产品形象系统（Products Identity）设计的意识，是让学生的思维方式从设计构成过渡到产品设计的重要环节。

图4-96至图4-99为一组系列柱式构成的作品。

▲图4-96　作者　芮筱雨　　　　　　　　　　▲图4-97　作者　庄潘雯

▲图4-98　作者　陆程程　　　　　　　　　　▲图4-99　作者　胡嘉俐

五、综合构成

综合构成是指用点、线、面、体等不同形态元素进行综合的组构而形成的立体空间造型。在综合立体构成中点、线、面、体具有强烈的对比关系，如以体材为主的构成中局部出现点和线的穿插，能形成量感上浑厚与轻巧的强烈对比，使作品丰富、饱满。

在综合构成中，形式上可以采取线和面的结合构成、线和块的结合构成、面和块的结合构成以及点、线、面、体结合的构成。通过对立体构成结构的研究，利用基本形态之间的关系组合构成，在多样中求统一，在统一中求变化。

综合构成仍然采用纸材作为主要的训练和制作材料。

实战训练9　"帽子"的综合构成设计

训练要求：请以各色卡纸作为主要材料，制作一个能戴在自己头上的"装置"。可以用其他材料作为修饰和点缀，能综合体现点、线、面、体等各种造型要素。

命题解析：前8个实战训练都是非常有针对性的单一练习，分别侧重训练学生对于立体构成中几大造型要素——点、线、面等的掌握；本次命题比较灵活，题干中只要求设计一个能戴在头上的"装置"，是为了打破学生脑中固有的"帽子"的思维定式。希望学生能灵活运用点、线、面、体等要素去创作体现自己个性特征的优秀作品。

图4-100、图4-101的作品均以团队形象的方式呈现。学生的创意有自己的个性特征，同时团队中的作品都有相同的形态语言延续在四个作品中，以此形成族群的系统形象。

▲图4-100 学生作品1

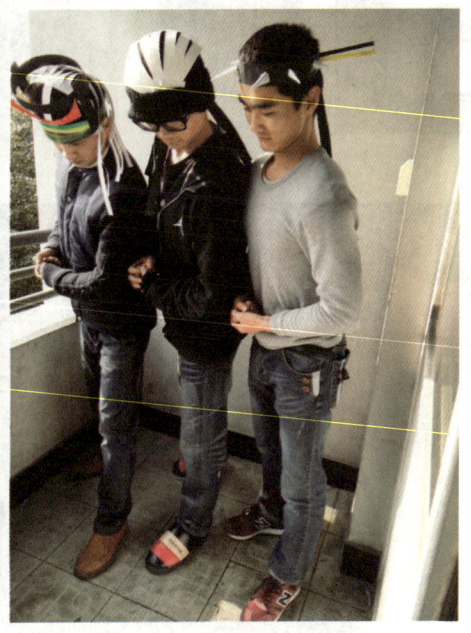

▲图4-101 学生作品2

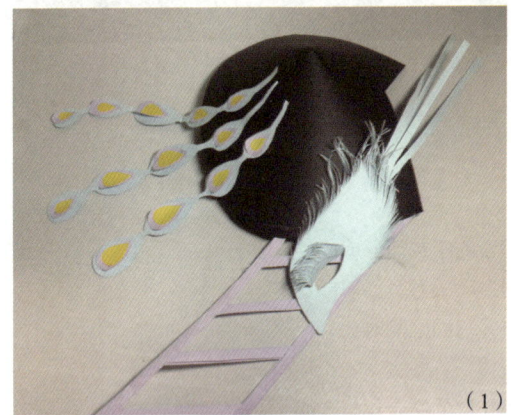

（1）

（2）

（3）

▲图4-102 作者 朱润

图4-102至图4-107为学生作品。可以看出，男生和女生的设计方案呈现出非常大的风格差异。女生的"装置"多以曲线型为主，编织的手法运用较多，柔美且富韵律感，有强烈的女性化倾向；男生的"装置"多以直线型为主，坚硬且有力量感，呈现强烈的男性化倾向。

（1）

（2）

（3）

▲图4-103　作者　黄耀玲

▲图4-104　作者　金知怡　　　　　　　　　▲图4-105　作者　戴晶晶

▲图4-106 作者 徐靖炯　　　　　　　　▲图4-107 作者 盛 韬

第五章

色彩构成

学习目的与要求

本章讲述了色彩构成的基本内涵及课程的来源，使学生明确学习的目的和意义；要求学生在熟练掌握相关色彩基础知识和色彩的推移与对比方法后，能根据每一个设定主题完成相关设计实践，这一阶段的练习是基础训练；通过多角度提升学生对色彩的不同功能认知后，重点训练学生能运用恰当的色彩表达不同的意境，及有效提取现有优秀作品中的色彩元素进行再创作的能力，这一阶段的练习是拓展训练，最终目的是要让学生能轻松驾驭色彩设计。

学习重点

1. 理解色彩的成因，掌握色彩的三个基本属性
2. 掌握色相推移、纯度推移、明度推移的基本方法并能运用
3. 掌握色彩对比的几种形式并能运用
4. 掌握色彩的功能意向，并能用恰当的色彩设计来表达音乐或诗歌的意境
5. 能系统分析已有作品中包含的复杂色彩元素，并重新创作新作品

第一节　色彩构成概述

一、色彩构成的概念

从人对色彩的知觉和心理感受出发，用科学分析的方法，把复杂的色彩现象还原为基本要素，利用色彩在空间、量与质上的可变性，按照一定的规律去组合各构成之间的相互关系，再创造出新色彩效果的过程，称为色彩构成。

色彩构成源自包豪斯的基础课教学实验，现代色彩构成的形成和画家约翰·伊顿（Johannes Itten，1888—1967）有重要关系。伊顿是包豪斯的第一批教师，他在包豪斯最早开设了现代色彩学课程，将现代色彩体系引入教学，主张从科学的角度研究色彩，坚信色彩是理性的，只有用科学的方法才能揭示色彩的本质，在教学中强调色彩训练与形态训练合一。此后，在这些教学探索的基础上，经过众多教育工作者的不懈努力逐渐形成了现在的内容体系。

色彩构成是将前人的色彩经验分析、归纳后总结和整理出的一系列色彩经验结合自然科学、社会科学等学科的成果，按现代学校教育科学化、效能化的原则逐渐形成的系统色彩教学内容体系；色彩构成是艺术设计的基础理论之一，与平面构成及立体构成有着不可分割的关系，色彩不能脱离形体、空间、位置、面积、肌理等而独立存在。

二、学习色彩构成的目的

色彩构成是从多学科的角度，研究和了解人对视觉形态的认知过程、认知方式、意象效果，并应用这些理论指导造型设计创新，其目的是培养学生对色彩的认知能力、分析能力、表现能力，特别是形态创新能力。其在培养学生色彩感觉和直观判断力方面，在启发独创性潜能方面，在寻求表现技术等方面发挥着不可替代的作用。

培养学生的色彩感觉离不开大量的设计实践。要想培养出色彩美感，理论与实践相结合的学习方法对色彩构成的学习最为有效。通过一系列循序渐进的色彩课题训练，学生能在每一个练习中用心体会色彩，注重思考，使自身对色彩的感知能力逐步提高；同时可以将学生过往零散的、感性的色彩经验，提升到系统的、理性的阶段，使学生的色彩感悟能力上升到一个更高的、自主的阶段。

同时，色彩构成的学习可以承接前端以感性体验为主的色彩写生类基础课程，为后续的专业色彩设计方面的课程提供理论知识，训练学生分析、解决色彩问题的能力。

第二节　色彩构成的材料与工具

色彩构成除了要加强理论学习外，还要训练动手制作与表现的能力，需要用到的材料与工具大致分以下两大类。

一、传统材料与工具

在学习中，制作色彩构成作品常用的绘画材料主要有以下几大类。

1. 笔

主要包括铅笔、毛笔、针管笔、鸭嘴笔等。

铅笔可以用来绘制草稿。较硬的铅笔易保持画面整洁，如HB、2H，较软的铅笔易将画面蹭脏，造成画面不整洁。

毛笔是最主要的着色工具，也可以用来勾画一些较粗的线及制造肌理效果。毛笔的种类有很多，如图5-1所示。铺大体色彩一般用平头水粉笔或者大、中、小白云毛笔；勾线的细节绘制一般用花枝俏、衣纹笔或者小红毛。每种型号的笔最好能准备两支，不同的颜色分开使用，以避免串色弄脏画面。

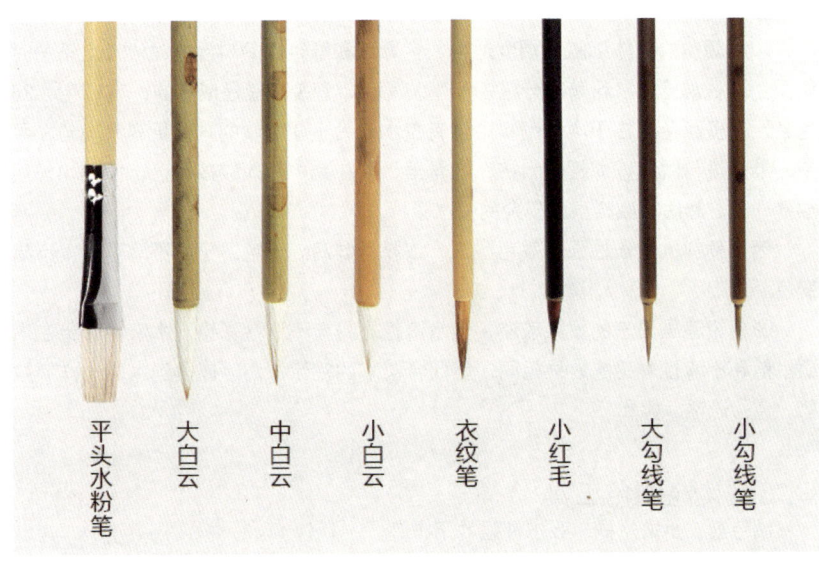

◀ 图5-1 毛笔的种类

针管笔可用于黑白图案的勾线和细节绘制，也可使用签字笔，如图5-2所示。

鸭嘴笔又称直线笔，可以在绘制彩色线条或墨线时使用，所绘制的线条边缘整齐，粗细一致。在使用直线笔时应注意通过调整螺丝松紧来控制笔叶间距，使用蘸水笔将调和好浓度的颜料水加入笔叶内，笔叶外表面沾染颜料应及时擦拭干净，避免蹭脏画面。可在草稿纸上试画后再在正稿上使用，如图5-3所示。

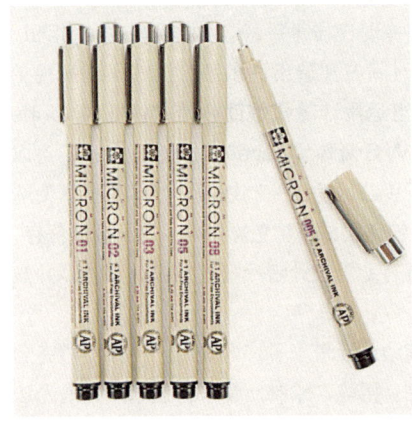

▲ 图5-2 针管笔

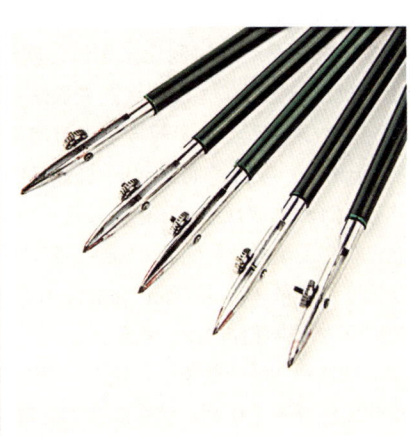

▲ 图5-3 鸭嘴笔

2. 绘图仪器

直尺、三角尺、曲线尺、圆规、软尺等。

3. 纸张

卡纸的质地坚挺厚实，表面光滑、细腻，纸张的柔韧性和托色能力较强，是色彩构成练习绘制的最常用纸张。

素描纸的质地一般较厚，表面粗糙，具有一定的吸水性，比较容易达到均匀涂色的效果。

皮纹纸的纸张表面具有纹理，能够凸显一定的肌理效果。

拷贝纸具有一定的透明度，又称硫酸纸，主要用于将确定好的草稿转移到正稿上，以及复制对称和连续图案。

在做肌理效果的时候，也可以用宣纸、高丽纸、毛边纸、水粉纸等来达到特殊的效果。

4. 颜料

水粉颜料的膏体细腻，稠度适中，色彩饱和鲜艳，颜料湿的时候较之干的时候颜色深。常见的水粉颜料分罐装和管装两种，管装一般是成套的，有12色、24色甚至更多颜色。由于水粉颜料中含有胶水，为了使绘制的画面更容易均匀、平整、最好进行脱胶，即把颜料挤在容器里，并在其中注入较多水分，搅拌均匀后放置一夜，然后将颜料表面多余的胶水吸掉。

丙烯颜料的覆盖性强，颜色饱满、浓厚、鲜润。着色层干后不溶于水，不易变色。

彩色铅笔画出来的效果较淡，分水溶性彩铅与不溶性彩铅。水溶性彩铅在未蘸水前和不溶性彩铅的效果相同，但配合蘸水的笔涂抹，可以得到水彩一样的效果，色彩通透、柔和。

5. 其他调色工具

调色盘、折叠水桶、吸水性强的干布等。

二、现代化的技术设备在色彩构成中的应用

传统的色彩构成学习，所有的设计训练都要经过构思、草图、定稿、制作等阶段，这是一个创造性的思维过程。由于受到人力的局限性，使得不够完善的构思必须通过笔在纸上不断的改动以达到完美，但是这种改动是缓慢和艰苦的。

计算机的出现把设计引向了一个新天地，越来越多的现代化工具进入了设计表达的视野。通过利用多媒体、网络等现代技术手段，如电脑、数码相机、复印机、扫描仪等，设计者能在极短的时间内塑造出许多手工无法呈现的视觉与色彩效果，而且容易修改。设计者适当运用计算机辅助设计软件例如Adobe Photoshop、Adobe Illustrator、CorelDRAW Graphics Suite等来完成设计稿，可以丰富设计稿的表现形态和语言，且相对于传统的手工绘制练习，计算机技术使选色、调色、填色的时间大大缩短，还可以快速尝试多种色彩搭配，易于修改保存，提高了练习效率。这些现代化的技术设备有助于设计者尽情挖掘设计潜力，并在短时间内取得最佳的设计效果。

在色彩构成的教学中，虽然计算机辅助设计带来了许多便利，但并不能完全取代传统的手工绘制。学生亲身体验调色、用笔、绘制所带来的艺术感受是无法用软件替代的；在绘制的过程中可以培养他们对色彩的调配能力与感知能力，对

各种色彩绘图工具的使用也是必须掌握的重要技能。在教学实践中，若能将传统手工绘制与计算机辅助设计相结合，并有针对性地选择训练课题，会有利于教学效果的提高。

第三节　色彩基础知识

一、色彩的原理

1. 光与颜色

只有在光线照射下人的眼睛才能发挥功能，世界才能呈现出丰富的色彩。光与色之间到底有什么样的联系呢？第一个揭示光与色彩关系奥秘的人是英国物理学家艾萨克·牛顿（Isaac Newton，1643—1727）。他在实验中发现太阳的白色光通过三棱镜后发生折射，分解成红、橙、黄、绿、蓝、靛、紫几种色光，如图5-4所示，投射在白色屏幕上形成了美丽的色带。再将分解后的色光用另一个倒置的三棱镜向相反方向偏折汇聚到一起，又可以重新获得白色光。由此得知，白光不是单纯的白色光，而是由各种色光混合而成的。他的发现为色彩学的发展奠定了科学的基础，具有划时代的意义，人类对色彩的科学研究就是从这个发现开始的。

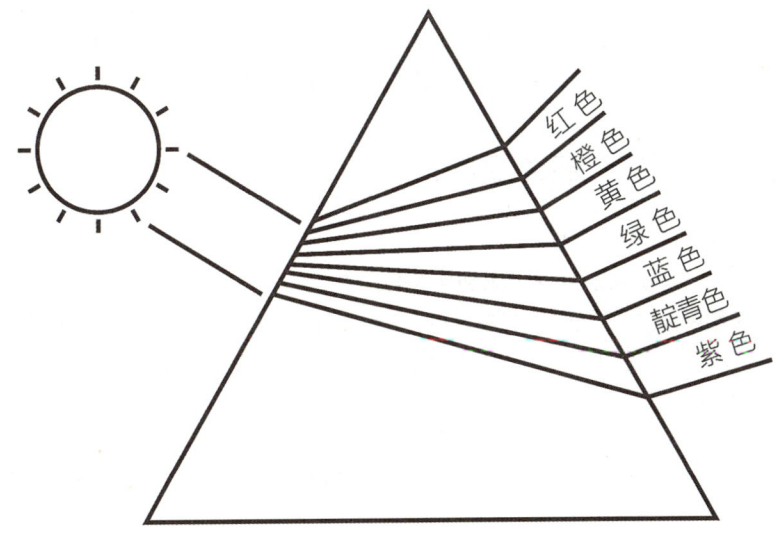

◀图5-4　光与颜色

2. 物体的颜色

自然界的颜色分为两种情况，一种是发光体的颜色，另一种是非发光体的颜色。发光体的颜色即色光本身的颜色，非发光体的颜色则是光作用于物体后再被眼睛感知的颜色。物体本身并不存在固有的颜色。

当光照射到物体上之后，会出现吸收、反射、透射等物理现象，即一部分被物体吸收，另一部分被物体反射或透射了，有的物体还会使光在透射过程中发生折射。反射或透射的光进入人的眼睛，人就产生了颜色的感觉，看到了物体，如图5-5所示。

不透明的物体在受到光的照射后，主要会出现吸收与反射两种情况，人所看到的是被物体表面反射出来的色光，这部分反射光的成分决定了物体所表现的色彩。一个物体呈现红色是因为它只反射红光而吸收其他色光；如果是反射出几种色光，则表现为几种色光的混合效果；一个物体若几乎反射出全部色光，就呈现白色；若吸收全部色光，就呈现黑色；如果一个表面几乎等量反射出各种色光就成为灰色。透明物体的颜色是由它所透过的光决定的，一个蓝色的玻璃杯之所以看上去是蓝色，是因为它只透过蓝光而吸收了其他色光；如果一个物体能够完全透射过可见光，它就呈现无色透明状态。

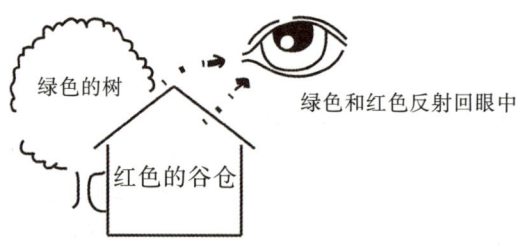

▶ 图5-5　物体的颜色　含色素的表面通过吸收一部分光波，反射未被吸收的光波，而呈现出它们的色彩。

3. 光源的颜色

光是色彩形成的基本因素，也是造成色彩变化的主要原因。自身发光的物体称为光源，太阳、火和各种灯具等都是光源。不同光源的光谱各不相同，于是就形成了不同的光源色，对物体颜色的效果会产生相应的影响。

二、色彩的基本属性

1. 色彩的分类

色彩可以分为无彩色和有彩色两大类。

无彩色也称非彩色，是指黑、白、灰色，从黑到白之间有无数个深浅不同的灰色层次，这些色所构成的系统成为无彩色系。黑、白、灰在颜料的混合中及色彩调和中都有重要的作用。

有彩色包括可见光谱上的所有色：红、橙、黄、绿、蓝、靛、紫和它们之间互相调配所得到的色，以及它们与黑、白、灰调配所得到的色，统称彩色系。

2. 色彩三要素

有彩色有三种基本属性，即色相、明度和纯度，这也是色彩的三个要素。

色彩的面貌千变万化，这些差异归纳起来主要有三个方面，即色彩相貌的不同、色彩明暗程度的区别、色彩鲜浊程度的差异，在色彩学上分别称为色彩的色相、明度、纯度，并统称为色彩的三要素或色彩的三属性。有彩色都具备这三种性质，无彩色没有色相和纯度，只有明度一种性质。

色相即色彩的相貌，是色彩的主要特征，色相是由光谱成分决定的，光谱成分不同颜色就不同。通常用翠绿、海蓝、橙黄等不同的色名称来代表不同的色相。如果把每一个色相都比喻成一个家族，这个家族中还包含很多不同的成员，如图5-6所示。

蓝色（色相）家族

◀图5-6 蓝色（色相）家族

明度指色彩的明暗程度。物体色的明度取决于其受照射光量的大小和反射率的高低。在无色彩中，明度最高的是白色，黑色明度最低。在黑与白之间可调出多个明度阶段，如图5-7所示。

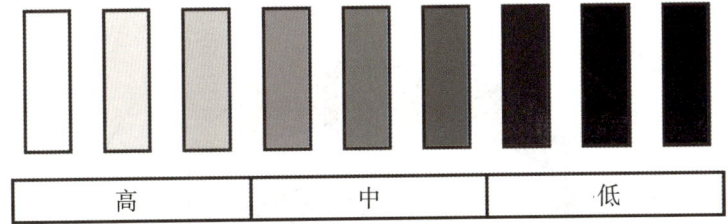

◀图5-7 色彩的明度阶段

纯度是指颜色中含有彩色成分的多少。彩色的比例越大，色彩的纯度越高，反之，纯度越低。纯度也称作饱和度、鲜艳度、彩度、含灰度。在一个颜色中依次等量的加入灰色，能调出多个纯度阶段，如图5-8所示。

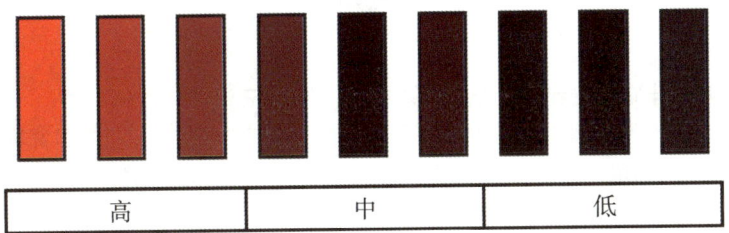

◀图5-8 色彩的纯度阶段

三、色相环

将色谱的颜色按照顺序首尾相连围成一个圆环，称为色相环。色相环可以表现色相的次序，呈现了色相的变化规律，是色彩研究和艺术创作的重要工具。每一个色彩体系都有自己的色相环，其色彩的数目各不相同，有6色、8色、10色、12色、40色等。

绘画与艺术设计使用的是补色色相环，也称为艺术家色相环，如图5-9所示。这个色相环是由画家、艺术教育家伊顿以补色为基础设计的，以三原色为基础色在每两个原色之间插入两色的中间色，共6个颜色构成基本色相环，补色色相环

▲图5-9 补色色相环

的颜色可以做成12色、24色、48色等。补色色相环的最大特点是，在色相环上通过直径相对的两个色是补色关系，使用非常方便。

四、主要色彩体系与色彩表示的工具

1. 主要色彩体系及其功能

在已有的色彩体系中蒙塞尔色彩体系（Munsell Color System）的影响最为广泛。蒙塞尔色彩体系由美国色彩学家、画家蒙塞尔（Albert Henry Munsell，1858—1918）在1905年创立。1943年美国光学学会对蒙塞尔色彩系统进行多次评价与测试后，进行了重新定义与修正，这就是现在使用的蒙塞尔色彩体系。这个色彩系统成为美国国家标准，对美术界和设计界的影响非常大。

该色彩系统认为，色彩体系是将色彩的色相、明度、纯度按照一定的规律进行排列和组合，采用三维坐标表示每一个色在色彩空间中的位置，构成可以用空间关系展现的颜色系统，其中的每一个颜色都有特定的标号，便于查找与传达。不同色彩系统的颜色编号也不相同，如图5-10所示。

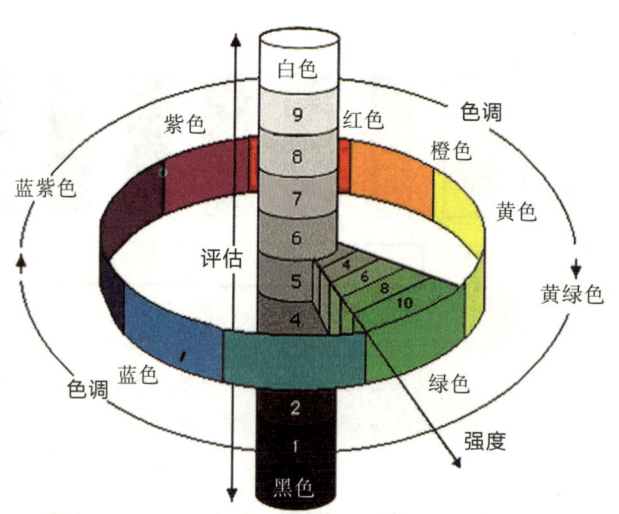

▶图5-10 蒙塞尔色彩体系

2. 计算机辅助设计软件颜色的表示法

现代化设计中很多设计过程都是在计算机辅助下完成的，为了在计算机中正确处理颜色问题，就要了解计算机辅助设计软件中的颜色表示方法。

（1）RGB颜色模式：又称RGB色空间，它是一种基于色光的表色模式。电视机、计算机显示屏、幻灯片等都是利用色光来呈色的。RGB模式是一种加色法模式，通过R、G、B灰度值的不同大小，可描述出任何一种颜色。

（2）CMYK颜色模式：CMYK颜色系统使用的是减色混合模式，这种模式是四色打印的基础，C、M、Y、K分别代表蓝、红、黄、黑四种颜色。CMYK颜色系统主要应用于印刷色、彩色打印机输出色、油漆色等。

（3）Lab颜色模式：Lab是人类视觉的颜色空间，是桌面系统从一种颜色模式向另一种颜色模式转换的内部模式。Lab模式能减少不同颜色模式转换过程中颜色不一致的问题。

（4）HSB颜色模式：HSB 颜色模式，即色相（Hue）、纯度（Saturation）、明度（Brightness）模式，它采用颜色三属性量化的方式来表现。

上述四种颜色模式是在计算机辅助设计软件中经常使用的颜色模式，使用者可以通过这些颜色模式确认颜色，选择颜色，如图5-11所示。

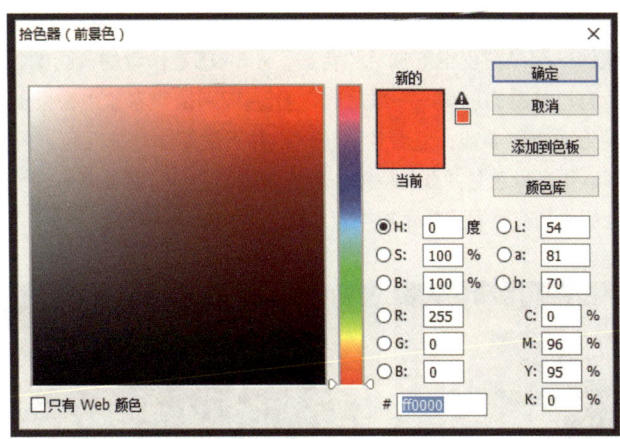

◀ 图5-11 计算机辅助设计软件颜色表示法

五、三原色与色彩混合

色彩中不能再分解的基本色称之为原色，原色可以合成其他颜色，而其他颜色却不能还原出原色。两种或两种以上的色混合在一起，做出新色的方法称为色彩混合。色彩混合有三种基本类型：加色混合、减色混合、中性混合。

1. 加色混合

加色混合又称光色混合，是指光色之间的混合。其特点是参与混合的色光成分越多，量越大，所得到的新色明度越高，因此称为加色混合。如图5-12所示，色光的三原色是红、绿、蓝，这三种色相混合得到白色。

两种原色相混所得到的色叫二次色，也叫间色。间色与原色相混或两个间色相混而产生的新色称为第三次色，也叫复色。

朱红+翠绿=淡黄

翠绿+蓝紫=湖蓝

蓝紫+朱红=品红

▲ 图5-12 加色混合

2. 减色混合

减色混合又称颜料混合，是物料色的混合，其色的显现主要是由于物体对色光的选择性吸收与反射的结果。参与混色的色彩数目越多，被吸收的光越多，新色的纯度、明度越低，因此称为减色混合。如图5-13所示，物料色的三原色是红、黄、蓝，这三种色相混合得到黑色。

红色+蓝色=紫色

黄色+红色=橙色

黄色+蓝色=绿色

3. 中性混合

中性混合有两种基本方法，即色盘旋转混合与空间混合。

色盘旋转混合是将要混合的色彩按一定面积比例涂在回旋板上，用机械的力量使回旋板高速转动，在人的视觉中就能产生混色感。色盘旋转混合的色相变化规律与减色混合相同，但明度上基本为参加混合色的平均值，所以称为中性混合。

空间混合是一种凭借空间距离制造新色感的方法。由于视觉生理的限制，眼睛分辨不清过小或距离过远物象的细节。所以，当把需要混合的色彩并置，保持一定距离观看时，那些颜色会在人的视网膜上产生混合效果。空间混合得出的新色，明度是被混合色的平均明度，因此也属于中间混合。

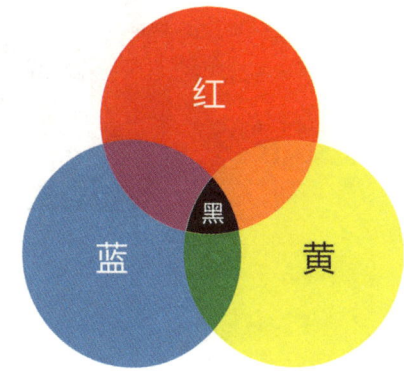

▲ 图5-13 减色混合

图5-14至图5-17为学生创作的空间混合作品。图5-14是作者与自己青梅竹马的小伙伴一起坐在夜空下赏月的背影，图5-15是作者的自画像，图5-16是作者描绘了自己最爱的玩具——维尼熊，图5-17则是作者家中餐桌上的可口水果。这些作品近看色彩丰富，远看色调统一，并不是简单地把颜色调好放在画面上，而是合理运用多种色彩并置的笔触去表达所需的色调，因此具有闪动迷人的效果。空间混合的作品在不同视觉距离中可以看到不同的色彩感觉。

▲图5-14　作者　丁健英

▲图5-15　作者　管闻艺

▲图5-16　作者　李佳琳

▲图5-17　作者　钱　军

第四节　色彩的表现形式

一、色彩推移

色彩推移是将色彩按照一定规律有秩序地进行排列的一种作品形式。其种类有色相推移、明度推移、纯度推移和综合推移等；特点是有强烈的明亮感和闪光感，有浓厚的现代感和装饰性，甚至还有幻觉空间感。

1. 色相推移

色相推移是将色彩按照色相环的顺序，由冷到暖或由暖到冷进行排列的一种渐变形式。为了使画面丰富多彩、变化有序，色彩可直接选用色相环上的颜色，也可以选用含有白色或浅灰以及黑色、中灰或深灰的色相环颜色。

2. 明度推移

明度推移是将色彩按明度等差级系列的顺序，由浅到深或由深到浅进行排列的一种渐变形式。一般都选用单色系列，也可以选用两个色彩的明度系列，但不宜太多，否则画面容易乱且花，效果适得其反。

3. 纯度推移

纯度推移是将色彩按纯度等差级系列的顺序，由鲜到灰或由灰到鲜进行排列的一种渐变形式。

4. 综合推移

综合推移是将色彩的色相、明度、纯度进行综合排列的渐变形式，由于色彩三要素的同时加入，其效果当然要比单项推移复杂且丰富得多。

二、色彩推移的构图形式

色彩推移的基本构图形式有一定的规律，概括起来有以下几大类。

1. 平行推移

平行推移是将色彩通过平行的垂直线、水平线、斜线、曲线等形式进行等间隔或不等间隔的有秩序排列。

2. 放射推移

放射推移是画面有一个或多个放射中心，将色彩从放射中心作同心圆、同心方、同心三角形、同心多边形、同心不规则形等形态，并向外扩散排列。

3. 综合推移

综合推移是将平行推移和放射推移的手法同时安排在一个画面中，使作品的形态形成曲直、宽窄、粗细等对比，构图复杂、多变，效果更为丰富有趣。

实战训练1　色彩的推移构成

训练要求：请采用合适的构图形式，并根据画面选择恰当的色彩推移种类完成设计。

命题解析：训练学生在掌握色彩基础知识的情况下，能熟练运用色相推移、明度推移、纯度推移的方法，并掌握相关的调色技巧。

图5-18至图5-23为色相推移构成的作品。

▲图5-18 作者 胡 颖

▲图5-19 作者 胡明灏

▲图5-20 作者 刘 慧

▲图5-21 作者 陆佳月

▲图5-22 作者 邵 蕾

▲图5-23 作者 王晨奕

图5-24至图5-27为明度推移构成的作品。

▲图5-24 作者 陈 洁

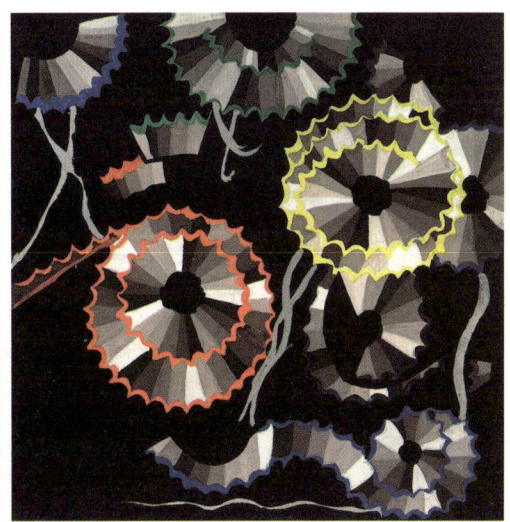

▲图5-25 作者 顾清清

▲图5-26 作者 李 扬

▲图5-27 作者 邵蕾

图5-28，图5-29为纯度推移构成的作品。

▲图5-28 作者 杨 浦

▲图5-29 作者 张 琦

图5-30至图5-33为综合推移构成的作品。

▲图5-30　作者 陈　健

▲图5-31　作者 何佳燕

▲图5-32　作者 解　帅

▲图5-33　作者 李佳琳

三、色彩对比

色彩对比现象是普遍存在于作品中的。在两个或两个以上相比较的色彩之间所显现出的明显差别称为色彩对比，这种对比可以是空间性的同时对比，也可以是时间性的连续对比。

色彩对比是色彩最重要的表现特征，色彩的知觉意义主要取决于色彩对比的性质。色彩对比的类别按照基本性质可以分为色相对比、明度对比和纯度对比。此外，影响色彩对比效果的还有色彩的面积、位置、形状等因素。

1. 色相对比与配色

色相对比是色相差别形成的对比，其对比的强弱取决于色彩在补色色相环上的相对距离。在180°角度的范围内，两色的距离越远对比越强，越近对比越弱。

色相对比的类型有多种划分方式，其主要的原则大致相同，即各个类型之间的差异要清晰。在补色色相环上每一个颜色都可以从自己的位置出发按照不同的角度选色，依次可组成同一色、邻接色、类似色、中差色、对比色、互补色等色相对比系统。同一色、邻接色、类似色为色相的弱对比，中差色为色相的中对比，对比色、互补色为色相的强对比。同一色、邻接色的色相差过小或没有色相差，缺少色相对比的效果，具体如图5-34所示。

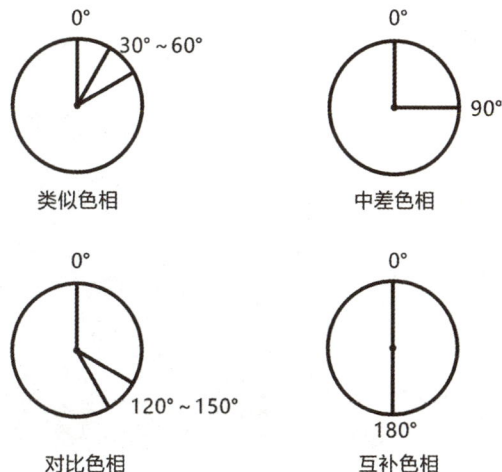

◀ 图5-34　色相对比的类型

类似色相：30°～60°

类似色之间含有较多的共同色彩成分，其对比效果微妙、柔和，具有单纯性，很容易保持色彩统一。

中差色相：90°左右

中差色有共同的色彩成分，其差异大于类似色，表现效果比较活泼和明快，在对比中有温和的统一感，是非常好用的配色，在生活中的使用率很高。

对比色相：120°～150°

这种色彩关系的特点是对比鲜明、强烈，具有饱满、华丽、活跃、刺激的视觉效果。但是由于个性太鲜明，也容易使整体不统一，要注意根据面积调和关系加以控制。

互补色相：180°

互补色在色相环上的距离最大，是最强的色相对比，其知觉特征是强烈、充实、富有动感。如果选取180°左右的邻接色也能产生类似的视觉效果。三原色和各自的补色是最典型的互补色相，视觉冲击力最强，但也容易产生过分刺激和不安定的特点。

实战训练2　色相的强弱对比构成

训练要求：请选用以下两种构图形式中的一种，完成色相的强弱对比构成设计。

（1）在两幅20cm×20cm的正方形画面中绘制相同的图形，然后分别用色相的强对比和弱对比完成色彩设计。

（2）将一幅20cm×20cm的正方形画面进行等分，在两个等分区域绘制相同的图形，然后分别用色相的强对比和弱对比完成色彩设计。

命题解析：训练学生能在补色色相环的帮助下，运用色相对比的不同类型完成色相的强弱对比设计。若选择第二种构图形式，则可以巧妙借助对称形来丰富画面的美感。

图5-35至图5-40为选用第一种构图形式完成的色相强弱对比设计。两幅画面构图基本一致，一幅画面选用在色相环上具有强对比关系的几组色相填色，另

▲图5-35 作者 陈 健

▲图5-36 作者 陈 健

▲图5-37 作者 何佳燕

▲图5-38 作者 何佳燕

▲图5-39 作者 邵 蕾

▲图5-40 作者 邵 蕾

一幅画面选用在色相环上具有弱对比关系的几组色相填色。

图5-41至图5-44为选用第二种构图形式完成的色相强弱对比设计。由于构图形式的特殊性，这组作品大多以镜像对称的方式呈现，画面的形式感更强。如图5-41所示，巧妙将画面沿水平方向一分为二，物象和其在水中的倒影分别用强对比色相与弱对比色相进行设计，在分割线的位置画了一艘小船点缀，整幅作品浑然天成。

▲图5-41　作者 曹天佑

▲图5-42　作者 何雯靓

▲图5-43　作者 王艺洁

▲图5-44　作者 卫 春

2. 明度对比与配色

明度对比是色彩明暗程度的对比。明度对比是色彩表现中重要的因素，色彩的层次感与空间关系主要依赖色彩的明度来表现。

首先以蒙塞尔色立体中实际的明度阶段作为明度划分的基本等级，将色彩的明度分为9级，黑为1，白为9，如图5-45所示。

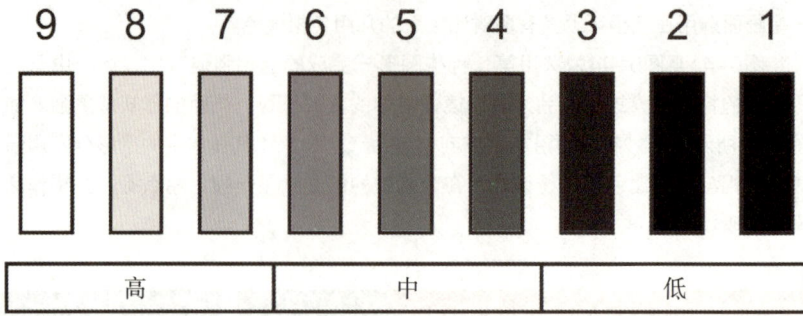

▶ 图5-45　明度色标

色与色之间的明度差别，决定了明度对比的强弱，也展示了整体丰富的表情。根据明暗差异的大小，明度对比的强度可分为强、中、弱，分别称为长调、中调、短调。

长调——差别在7级以上的对比，效果强烈、刺激，为明度强对比。
中调——差别在4～6级的对比，有明确、爽快的效果，为明度中对比。
短调——差别在3级以内的对比，有含蓄、温和的特点，为明度弱对比。

对于色彩设计来说，明度对比的正确与否，是决定配色的光感、明快感、清晰感的关键。在配色中要重视黑、白、灰的训练，既要把握无彩色的明度对比研究，也要重视有彩色之间的明度对比研究。

3. 纯度对比与配色

纯度对比是指不同纯度的色并置时所显现出的相对鲜艳与混浊的对比差别。纯度对比的强弱决定于纯度差，可将一个纯色与无彩色的灰色按照等差比例混合，建立9个等级的纯度色标，如图5-46所示。

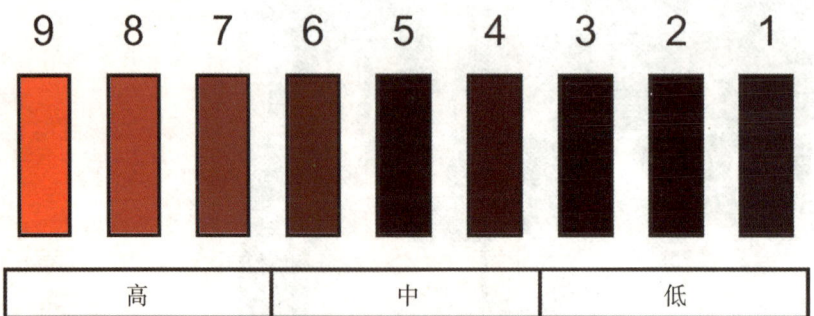

▶ 图5-46　纯度色标

纯度的弱对比是纯度相差比较小，大约在3级以内，在明度相同的情况下，视觉效果相当差，形象不清晰；反之，可以造成一种特殊的含混气氛，有神秘感。所以这种对比一般需要从明度及色相方面加大差别。

纯度的中对比是纯度差间隔在4至6级的对比，这些色的色感含蓄、柔和，具有较强的统一感。

纯度的强对比是纯度差大于7级以上的对比，这种色彩对比效果鲜明，引人注目，特别是以纯色与接近无彩色的对比，色彩显得生动、活跃。

降低色彩纯度的方法归纳起来有以下4种，每一种方法得到的色彩效果都有所不同。

（1）加白色：降低纯度，提高明度，色感偏冷。
（2）加黑色：降低纯度，降低明度，色感偏暖。
（3）加灰色：由此所得到的含灰色有单纯感。
（4）加补色：可以得到不同色相感的复色，色感丰富。

4. 冷暖对比与配色

通过冷暖差别而形成的色彩对比称为冷暖对比。

冷暖本来是人体皮肤对外界温度高低的触觉。太阳、炉火、火炬等，本身温度很高，它们射出的红橙色有导热的功能，人的皮肤被它们射出的光照能感觉到温暖；大海、苍天、雪地等，是蓝色光照最多的地方，蓝光不导热且有吸热的功能，因而这些地方的温度比较低。人们生活经验的积累，使人的视觉、触觉及心理活动之间产生一种类似条件反射的印象联系。一看见红橙色就会想到应当是热的，心里也感到温暖和愉快；一看到蓝色，心里就会产生冷的感觉，似乎皮肤也感到凉爽。

在不同的色彩中，最冷的是蓝色，最暖的是橙色。如图5-47所示，蓝色和橙色是色彩的冷暖两极，它们在色相环上的位置分别称为冷极和暖极；在色相环上把冷暖两极的蓝色和橙色连线，就可以清楚分出冷暖两组色彩。靠近冷极为冷色，靠近暖极为暖色，与两极距离相等的各色，称为冷暖的中性色。由此可见，蓝紫、蓝、蓝绿为冷色，红、橙、黄为暖色。在绘画和设计中，暖色调给人以亲密、温暖之感；冷色调给人以疏远、凉爽之感。成分复杂的颜色要根据具体组成和外观来决定色性。色彩的冷暖是相对的，如绿色与橙色相比是冷色，但绿色与蓝色相比，就略显暖色。

色彩的冷暖对比关系可以使色调呈现出丰富的效果。暖色能产生前进和扩张感，冷色则能产生后退和收缩感，在色彩设计时可以利用冷暖色的这种特征来增加画面的空间感。

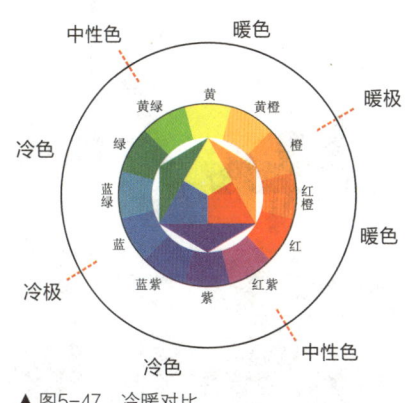

▲图5-47　冷暖对比

实战训练3　色彩的冷暖对比构成

训练要求：请运用色相环上冷暖色的对比关系，在20cm×20cm的正方形构图中设计一幅冷暖对比构成。

命题解析：训练学生对于色相环的进一步运用能力；要求学生能在色相环上选择合适的冷、暖色，并巧妙划分正方形作图区域，进行相关的色彩设计。

图5-48至图5-51均采用了垂直等分画面的构图形式，前两幅作品中的主体图形基本呈现镜像对称，第三幅作品则巧妙地将一幅全场景图等分后，分别用冷色和暖色完成填色来表达黑夜与白天的意境。图5-51的构图则更加自由，描绘了同一人物正面与侧面的不同状态，分别用暖色和冷色来诠释不同的心境。

▲图5-48　作者　何佳燕

▲图5-49　作者　陆程程

▲图5-50 作者 朱 润

▲图5-51 作者 庄潘雯

四、色彩的功能与意境

1. 色彩的功能

色彩对于人类既能产生精神作用，也有特定的物质功能。色彩以其独特的物质性质和人类知觉的特殊性，使得人可以借助色彩来实现某些使用功能，这些是器物的造型与材料的功能所不能替代的，称为功能性配色。功能性配色是以使用为目的的，使用的目的不同对色彩功能的要求也不同，在色彩设计上要首先满足使用功能，其次再考虑审美功能。色彩的功能根据使用目的划分为以下几种类型。

（1）防护功能：不同的色彩对光的反射、透射、吸收率是不同的，正确运用色彩的这些特质就可以在一定程度上维护人体健康。炎热的夏季，在日光直射的地方人们穿白色的衣服比穿黑色或暗色的衣服凉快，这是因为不同颜色的热吸收率不同。

（2）警示作用：某些特殊职业或特定环境要求公共设施及人员服装的色彩能够引人注目，以达到唤起他人注意、有利于互相联系或避让、便于救助等目的。这类功能的配色主要应选择传导性好的长波长的色及环境的强对比色，或者选择具有特定含义的色。

（3）伪装功能：伪装功能与警示功能的用色目的正好相反，要求利用色彩尽可能降低人和物的可视度，以蒙骗敌人和隐藏自己，所以，这种配色也可以成为保护色。

伪装性配色主要用于各种军用装备、重要的战略设施等，如在沙漠地区使用的以枯黄色为主；在丛林地带使用的以浓绿色为基调；在冬季积雪区域使用的以白色为主。

（4）标识功能：用色彩区别职责、功能、方位等是现代社会中常用的管理手段之一，如企业中应用的标准色、公共场所导引系统的颜色、服务行业里工作人员服装的颜色都有明显的职业标识作用。

（5）卫生功能：饮食服务、食品加工、精密制造、医疗、制药等行业的工作对清洁卫生的要求很严格，所以这些部门的环境色彩、工作器具、工作服的色彩通常采用有清爽、洁净感的颜色作为主色，如白色以及各种清淡颜色，这类配色能给人以清洁感。

（6）生理调节功能：人类在视觉生理上需要色彩的平衡，看红色久了会需要蓝绿色调节，看暗色久了会需要亮色的调节，这被称为生理补色现象。如手术室医护人员的工作服及部分操作用具的颜色由过去的白色改为灰绿色、蓝绿色、蓝色，其目的就是平衡血红色所造成的视觉疲劳，以保证医护人员的视感舒适和判断准确。

（7）心理调节机能：心理调节机能就是利用色彩对人心理的影响作用，选择使用适当的颜色创造某种色彩气氛，使人产生相应的心理反应以达到调节情绪的目的。卧室的装修及家具多采用淡雅、柔和的暖色，以营造温馨的家庭气氛。

2. 色彩的联想与象征

（1）红色：红色被认为是所有色彩中最美丽、最原始的颜色，象征着激情、生命、革命和喜庆。

红色的具象联想：太阳、玫瑰、火、口红、红旗、苹果、鲜肉、鲜血等。

红色的抽象联想：温暖、热烈、饱满、甜美、热爱、热情、成熟、革命、战争、扩张、危险、紧张、愤怒、恐怖等。

（2）橙色：橙色既热情又辉煌，具有强烈的易见度和识别性，但也容易造成视觉疲劳。橙色是一种富足、丰收的色彩，富有活力、诱人食欲，特别适用于餐厅等场所。

橙色的具象联想：霞光、橙、南瓜、柿子、菠萝、胡萝卜、果汁等。

橙色的抽象联想：华丽、辉煌、明亮、成熟、激动、喜悦、满足、愉快、兴奋、甜美、充足、积极、亲近、暖和、跳动等。

（3）黄色：黄色的光感最强。柠檬黄显得单纯、明快而富有朝气；杏黄和橘黄色给人以庄严、兴奋、高贵之感，象征着财富和权力。在我国封建社会，帝王以黄色显示高贵与威严。

黄色的具象联想：金子、太阳、光芒、腊梅、秋菊、油菜花、向日葵、香蕉、五谷、黄种人、皇帝、佛光等。

黄色的抽象联想：温暖、轻快、活泼、光明、胜利、希望、憧憬、快乐、自豪、发展、神圣、权威、财富、权力、芳香、颓废、浅薄、下流、病态等。

（4）绿色：绿色的魅力在于它的自然美，显示了大自然的生生不息。植物大多数呈绿色，所以绿色为生命之色。人们还把它作为农业、林业、畜牧业的象征色。绿色宽容、大度，可以衬托多种颜色而不失和谐。

绿色的具象联想：植物、蔬菜、嫩芽、草、树林、山、田野、宝石、医院、药店、邮筒、农业、林业、军事等。

绿色的抽象联想：自然、新鲜、生命、发育、青春、旺盛、健康、和平、舒适、休闲、诚实、中庸等。

（5）蓝色：蓝色是博大的色彩，天空和大海这样最广阔的景色都呈蔚蓝色，无论深蓝还是浅蓝，都能让人联想到无垠的宇宙或流动的大气。因此，蓝色也是永恒和信赖的象征。

蓝色的具象联想：天空、海洋、湖泊、远山、冰雪、星空、激光、宝石等。

蓝色的抽象联想：深远、悠久、灵魂、纯洁、透明、清凉、科学、智慧、善良、大度、理智、沉稳、冷漠、压抑、悲伤、忧愁、寂寞、可怜等。

（6）紫色：紫色被认为是高贵的颜色，一方面是因为紫色的色彩意象，而另一方面是因为历史上紫色染料的制作成本昂贵，普通平民难以使用。在我国隋唐时期，紫色是帝王的象征色，极其尊贵。19世纪人工合成染料出现后，紫色才被广泛使用。淡紫色有强烈的女性化特征，优雅而敏感。当紫色中红色成分较多时富有华贵感，而蓝紫色带着一丝冷漠的贵族气质。

紫色的具象联想：女性、香水、星空、激光、宝石等。

紫色的抽象联想：华丽、高贵、优雅、神秘、压迫、冷漠、沉闷、玄妙、惊悚等。

（7）白色：白色是光明、神圣、纯洁的象征。在西方白色是婚纱的色彩，在我国象征着死亡和恐怖。白色与黑色相对时还象征了是非善恶，如"明辨是非""颠倒黑白"。大面积的白色会给人以寒冷与不亲切的感觉。白色明亮干净，适合与各种色彩搭配，并营造出清新、自然的氛围。

白色的具象联想：冰雪、婚纱、白纸、棉花、云、白兔、白墙、面粉、百合、丧服、天使等。

白色的抽象联想：洁白、明亮、卫生、干净、朴素、清廉、轻盈、畅快、单薄、纯洁、纯正、神圣、空白、哀伤、孤独等。

（8）黑色：黑色代表着坚强与不屈不挠，还代表着品位、时尚与简约，又象征着黑暗与暴力。黑白两色都可以表达对死亡的恐惧和悲伤，具有不可超越的虚幻和无限的精神。黑白组合最朴素而且有凝重感，适合表现严肃、悲惨的题材。黑色具有神秘感，属于极好的衬托色，可以把其他色衬托得鲜艳、热情、奔放。

黑色的具象联想：黑夜、墨汁、黑板、煤炭、泥土、丧服等。

黑色的抽象联想：神秘、力量、深度、高级、权威、简约、死亡、严肃、阴谋、坚硬、坚毅、衰老、含蓄、坚决、庄重、恐怖、悲痛等。

（9）灰色：灰色是中性色，也是色彩和谐的最佳配色。灰色是色彩世界中最被动的色彩，受色彩影响极大。漂亮的灰色常常要依靠邻近的色彩获得生命，一旦靠近鲜艳的暖色，就会显得冷静；若靠近冷色，则变为暖和的暖灰色。

灰色的具象联想：土、阴天、混凝土、城市建筑、钢筋水泥、灰尘、影子等。

灰色的抽象联想：含蓄、现代化、简约、知性、柔和、平淡、休息、单调、衰败、消极、乏味、枯燥、沉默、寂寞、绝望、压抑等。

（10）金银色：金、银等光泽色的特点是色性不稳定，在某些角度很亮，某些角度又很暗。光泽色的装饰功能与实用功能都很强。金银价值昂贵，又富有特殊的光泽，就成了富贵、豪华的象征。华贵的金、银色适合与任何色搭配。在现代设计中光泽色与高科技、大都市画上了等号，高档的商品适当加上金、银色能体现档次和豪华感。

金银色的具象联想：金、银、有机玻璃、彩色玻璃、金属等。

金银色的抽象联想：高级、时尚、珍贵、辉煌、华丽、时髦、讲究、现代感等。

色彩的心理属性决定了色彩在不同人群中产生不同的意义，不同民族、不同年龄、不同文化背景的人对于同一色彩会产生不同的理解。流行色就是社会心理、时代潮流的一种产物。从原始社会起，人类就懂得使用色彩来表达某种象征性的意义。色彩的象征性源于人们对色彩的认知和运用，它通过时代、地域、民族、历史、宗教、风俗、文化、地位、意识、情感等多方面因素体现出来。不同的国家、民族对色彩具有不同的偏爱，并赋予各种色彩特定的象征意义。

例如在西方传统中，黑色是悲伤而庄重的颜色，白色则代表着新生和喜悦，而在中国则相反。在中国这种早期时代曾经以农耕为主要生产方式的国家，葬礼的颜色采用白色，因为黑色是肥沃土地的颜色，与之相对的颜色——白色则象征着死亡。

黄色，是中国封建社会皇帝的专用色，也是佛教、印度教、道教中地位最高的颜色，为"释迦圣佛"色。但黄色却是基督教最忌讳的色，意味着背叛和下贱。伊斯兰教也将黄色看作祸害与死亡之色。

色彩的象征性依附于一定的形象，离开了特定的形象，象征意义也随之消失。

3. 音乐的色彩意境

"音乐有色彩"是音乐家和色彩学家达成的共识。俄国作曲家史克里雅宾（Scriabin，1872—1915）精确地罗列了曲调、每秒振动次数和色彩的对应表，并将这种色彩与音调的共生感觉谱进他的第五交响曲，实现了"音乐与色彩水乳交融的构想"，这个对应表后来被康定斯基（Василий Кандинский 1866—1944）作为其绘画理论的根据。

色彩设计中的许多名词都来源于音乐词汇，如高调、低调、长调、中调、短调、节奏、韵律等。不同声音能用不同色彩反映，如红色表示低音、橙色表示中音、黄色表示高音。不同的音乐、音调可以被表现为明亮、灰暗、艳丽等不同的色调，交响乐、民乐、轻音乐、爵士乐、独奏、合奏等音乐形式和多种曲目都可用不同的色彩组合来表现。快速强烈的迪斯科音乐用对比强、纯度高、明亮的色彩表现，柔和优美的抒情曲可用中浅色调表现，节奏轻快的轻音乐可以用明快的色调表现，通俗音乐用愉快的天蓝色表现，综合性质的管风琴音乐可以用发黑的蓝色表现。声音和乐调本身具有一定的情绪色彩，传递着不同的情感，给予人们不同的联想和启示。在器乐演奏中，各种乐器表达的个性色彩也是十分明显的。人们在听德彪西（Achille-Claude Debussy，1862—1918）的管弦乐和钢琴曲时，脑中会浮现莫奈（Claude Monet，1840—1926）或者修拉（Georges Seurat，1859—1891）的绘画。从贝多芬（Ludwig van Beethoven，1770—1827）第六交响乐第二乐章的长笛声中可以感受到浩瀚天空明朗的蓝色，而从单簧管独奏的纯净优美的音色中能感受到花一般的美丽色彩。人们能从音乐中"听见"颜色，也能从色彩中"看见"声音。

现代科学的发展使音乐与色彩的结合达到了更高的境界，音乐真正变成了直观的视觉形象。音乐通过激光束在空中翩翩起舞，变成富有动感和时空感的乐画。色彩设计可以从音乐中得到启示并萌发新的创作欲望，作曲家也可以从色彩中得到启示进行创作，强烈对比的色块造型与音乐节拍交相辉映。

实战训练4　音乐与色彩表达

训练要求：请根据中国传统民歌《茉莉花》和一首说唱风格歌曲的曲调节奏，分别用不同的图形和色彩表达；将20cm×20cm的正方形区域等分后完成在两个区域中。

命题解析：本次实战训练能帮助学生认识到音乐和设计之间是有很多共通性的。在实践中，学生要准确把握和体会两首歌曲迥然不同的曲风，能同时运用平面构成与色彩构成中的相关知识和技法，用造型要素的差异来表现音乐的不同风格。

图5-52至图5-57为学生作品。

▲图5-52 作者 蔡瑞虹

▲图5-53 作者 曹琪

▲图5-54 作者 曹天佑

▲图5-55 作者 高璇

▲图5-56 作者 何艳玲

▲图5-57 作者 胡嘉俐

4. 文学诗词的色彩意境

诗词的世界是海阔天空的，可以表现个人内在的情感世界、人生态度、社会理想以及微妙的瞬间感觉，也可以反映外在的物质世界、日常生活以及时代的脉搏。

我国的古诗词对于色彩的描绘十分丰富。杜甫有"寒轻市上山烟碧，日满楼前江雾黄""两个黄鹂鸣翠柳，一行白鹭上青天"。诗画皆擅长的王维更有"日落江湖白，潮来天地青""荆溪白石出，天寒红叶稀。山路元无雨，空翠湿人衣"。李贺诗中的色彩不仅有深浅浓淡、轻重厚薄、大小远近、长短方圆，如"暗黄著柳""小白长红""虫响灯光薄"等，而且有冷暖、气味和声息，有柔嫩粗涩，甚至有肥瘦、悲喜，如"竹香满凄寂，粉节涂生翠"等，诗中色与声、香、味融为一体。在"颓绿愁堕地""芳径老红醉""月明白露秋泪滴"等诗句里，诗人融情入色、借色生情，赋予了色彩以人的形神情思。诗人们如此重视色彩表现并创造出众多具有绮丽色彩的意象，为的是唤起读者强烈的视觉感受，进而激发想象和联想，把他们带进诗的意境之中。

诗词中的色彩表现存在着手法多样的对比与调和。有"日照香炉生紫烟，遥看瀑布挂前川""江作青罗带，山如碧玉簪"等营造的和谐色调，也有"日出江花红似火，春来江水绿如蓝""接天莲叶无穷碧，映日荷花别样红"等色彩对比的渲染，而"满园春色关不住，一枝红杏出墙来"让人感受到"万绿丛中一点红"的和谐美，"赤橙黄绿青蓝紫，谁持彩练当空舞"则展现了绚丽多彩的七彩画面。

由文学诗词表达的色彩画面与情调意境同样可以启示色彩设计的构思。诗词通过文字描述传递情感，使人产生色彩联想和想象，只有通过对文字的理解、对诗词意境的体会才能达到想象的境界。

实战训练5　诗歌与色彩表达

训练要求：请仔细领会两首唐诗《山居秋暝》与《枫桥夜泊》的深刻内涵，并选择其中的一首用色彩设计来表达其意境。

命题解析：本次训练在实战训练4的基础上，帮助学生进一步理解中国古典诗歌和设计之间的共通性，训练学生能准确把握诗歌的意境和关键语句，用恰当的图形与色彩表达出来。

山居秋暝
空山新雨后，天气晚来秋。
明月松间照，清泉石上流。
竹喧归浣女，莲动下渔舟。
随意春芳歇，王孙自可留。

图5-58至图5-63是对《山居秋暝》这首诗的色彩表达作品。《山居秋暝》是唐代诗人王维的作品，此诗描绘了秋雨初晴后傍晚时分山村的旖旎风光和山居村民的淳朴风尚，表现了诗人寄情山水田园，对隐居生活怡然自得的满足心情，以自然美来表现人格美和社会美。全诗将空山雨后的秋凉，松间明月的光照，石上清泉的声音以及浣女归来竹林中的喧笑声，渔船穿过荷花的动态，和谐完美地融合在一起，给人一种丰富新鲜的感受。它像一幅清新秀丽的山水画，又像一支恬静优美的抒情乐曲，体现了王维诗中有画的创作特点。

因为整首诗的意境清新秀丽，以一种轻松快乐的氛围为主线去叙事，所以作品的配色明度较高，显得明快靓丽；图形的绘制上每一幅作品都抓住了诗中的某一个关键语句去重点描绘，而不是面面俱到全都涉及。

▲图5-58 作者 包 迪

▲图5-59 作者 曹 幪

▲图5-60 作者 李玉欢

▲图5-61 作者 罗佳维

▲图5-62 作者 王艺洁

▲图5-63 作者 徐 玮

枫桥夜泊

月落乌啼霜满天，江枫渔火对愁眠。

姑苏城外寒山寺，夜半钟声到客船。

图5-64至图5-66是对《枫桥夜泊》这首诗的色彩表达作品。《枫桥夜泊》是唐朝安史之乱后，诗人张继途经寒山寺时，写下的一首羁旅诗。在这首诗中，诗人精确而细腻地讲述了一个客船夜泊者对江南深秋夜景的观察和感受，勾画了月落乌啼、霜天寒夜、江枫渔火、孤舟客子等景象，有景有情有声有色。此外，这首诗也将作者身处乱世且无归宿的顾虑充分表现出来，是写愁的代表作。由此可见，这与前一首诗的氛围和意境是截然相反的，每幅作品的配色也多选用低明度、低纯度的色彩，图形创作多围绕"小船夜泊"的场景展开，充分表达了诗中的满腹惆怅之情。

▲图5-64 作者 马千一

▲图5-65 作者 聂 品

▲图5-66 作者 钮 迪

五、色彩的采集与重构

学习色彩就要训练敏锐的色彩感受能力,不仅要靠大量的色彩理论知识引导,而且更需要学生多方面和多角度的实践、整理和分析。色彩信息的采集与重构,是从一切可以借鉴的视觉素材,如自然景物、传统艺术、民间美术、中外现代艺术、图片资料等的色彩配置进行借鉴、重构,以色彩构成的设计要求和形式美法则,对所采集的人工和自然色彩视觉平面信息进行理性和逻辑性的简化与归纳,以求得理想化的、有形式美感和设计意图的重构色彩图形。其训练的实质,是拓宽和丰富色彩设计思路的手段,最终达到对色彩再创造的目的。

1. 西方近现代艺术作品色彩的采集与重构

西方近现代艺术作品色彩的采集与重构,主要从世界著名的绘画作品中选择,尤其是近现代艺术如毕加索(Pablo Picasso 1881—1973)、达利(Salvador Dalí,1904—1989)、梵高(Vincent Willem van Gogh 1853—1890)、蒙德里安(Mondrian Piet 1872—1944)等大师的作品。其作品本身已经具备现代构成形式的因素和设计理念,具有较高的借鉴和再创造价值。借用和重构他们的艺术作品的色彩,旨在汲取西方近现代艺术的精华,开阔视野、扩展思维、丰富创意,寻求新的表现角度和新的色彩图形。

2. 中国传统艺术色彩的采集与重构

中国传统艺术作品中可借鉴和采集的色彩范围极其宽广。从原始时期的彩陶,商周青铜器到唐代的三彩,宋清的陶瓷、纺织品,敦煌的壁画、雕塑,汉代的漆器,秦朝的兵马俑及历代的山水、人物画,它们各自的色彩都是当时文化艺术发展和积淀的成果,不同的色彩搭配传达不同的视觉意象。对这些艺术品的色彩进行采集与重构,可以品味中国传统艺术的精华所在,又能以自己的感悟和理解进行创造性的色彩配置。

3. 中国民间色彩的采集与重构

中国民间艺术品可谓浩如烟海,源远流长。以单纯的色彩、强烈的对比、质朴原始的造型、无拘无束的表达形式见长,是学习色彩设计的极佳素材。

民间的剪纸、年画、刺绣、皮影、蓝印花布等,其色彩搭配给人一种新奇的感受,独有的魅力令人眼花缭乱、美不胜收。借鉴和重构这些色彩具有贴近消费者心理的色彩亲和力,将它们与现代艺术元素结合,会散发出独特的魅力。

4. 自然色的采集与重构

学习色彩,就像蜜蜂采集花蜜一样,应该在大自然中去观察、比较、收集和梳理。植物是最容易观察和收集的生命色彩,并且随着季节的变化会呈现出不同的色彩倾向;动物的色彩也是设计师喜爱采集的对象。为了生存,动物会呈现出和环境相融合或是异常鲜艳的颜色,以色彩来保护自己生命不受侵犯。自然景象会随着时间、气候呈现更为多姿多彩的变化,晨昏朝暮、春夏秋冬、风雨雷电都能带来不同的视觉感受,大自然的鬼斧神工提供了取之不尽、用之不竭的色彩源泉。

5. 人工色彩的采集与重构

人类自身创造了具有人文精神和审美价值的人工色彩,人工色彩的信息资料为色彩设计和创新带来无限的可能性。通过计算机、电视、电影等多媒体途径，创作者能以独特的方式和视角获得色彩的原始素材与信息。

色彩的采集与重构设计的具体应用主要有两个步骤。

（1）采集与分析：首先将有关的素材收集后进行分析与解构。解构就如同裁剪布匹，素材只有经过打散后才能整合成新的形象。在这一过程中，最重要的就是提炼出素材中所包含的色彩种类以及它们之间的分量比例关系，并选择合适的形式表达出来。

（2）重构与设计：这一过程注重重新设计的新作要与原素材的内涵相吻合及在此基础上的再创造，对原来画面的色彩冷暖、色相、明度与纯度等因素进行重新安排，但仍然要保持原作中的色彩种类和比例关系。

实战训练6　色彩的采集与重构设计

训练要求：请选择一幅优秀作品，仔细提取原作中的色彩要素，并分析原作的内涵；保持原有的色彩成分及比例不变，在20cm×20cm的正方形区域中重新设计一幅新作。

命题解析：本次实践重点训练学生对于色彩基础知识的灵活运用，及对于优秀作品的分析能力和理解能力。学生需要深刻解读原作中所包含的色彩信息和原作所表达的深层次含义；在自己重新设计的作品中，不仅要保持原作的色彩元素及比例，还要在内涵上延续原作的风格。

图5-67至图5-70为学生作品。

▲ 图5-67　作者 曹 檬　　　　　　　　　▲ 图5-68　作者 卫 春

▲ 图5-69　作者 徐 玮　　　　　　　　　　▲ 图5-70　作者 钟梅宝

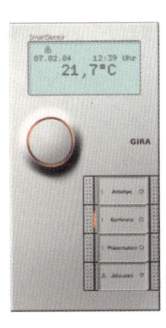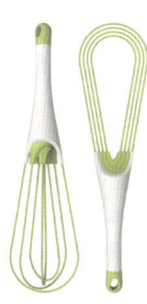

第六章

设计构成在产品设计中的运用

从纯粹的设计构成到实际的产品设计是一个很大的跨越。构成是将形态本身当作鉴赏对象来研究，探讨形态所具有的共性特征，是一种没有明确目的的、纯粹的形态创造，而产品设计是一种"有目的的构成"，它是从功能和使用的角度来确定形态的，具有很强的目的性，所以这两者之间是既有区别又有联系的。

产品的形态是工业设计的最终视觉呈现，它作为传递产品信息的第一要素，能使产品内在的品质、组织、结构和内涵等本质因素上升为外在表象因素，并通过视觉使人产生一种生理和心理的满足。形态设计是产品设计的重要内容，任何客观的事物都以各自的形态存在，产品也不例外。产品形态是产品的功能和信息的载体，设计师使用特定的造型方法进行产品的形态设计，在产品中注入自己对形态的理解，使用者则通过形态来选择产品，继而获得产品的使用价值，所以形态是设计师、使用者和产品三者建立关系的一个媒介。产品设计需要在一定的限制条件下去发挥形态创造的最大自由度，好的形态能够给人们带来美的视觉享受，创造美的产品形态是工业设计师的重要工作内容。

第一节　产品设计中的点、线、面、体

自人类社会产生以来，产品的形态随着生产力的不断发展而改变。按演变过程可分为原始形态、模仿的自然形态、概括的自然形态和抽象几何形态。在工业化社会中，产品形态大多以抽象几何形态出现，即在基本几何体的基础上进行组合或切割，在整体上易取得统一和协调，能迅速传达产品的特征和物质功能。这种抽象几何形态有利于加速机械化大规模的工业生产，可提高生产效率，更适应现代工业生产的需要。由此可见，工业社会中的产品形态设计需要抽象的归纳，这里的抽象归纳正是指运用各种形态构成元素来进行产品的形态设计。经过分析不难发现，任何形态不论其如何复杂和奇特，都可以分解为基本的形态构成元素，即点、线、面与体。

虽然形态的构成方式有无穷多种，但是这些形态构成的原则、原理都是相通的，形态的基本要素是确定的，它带有很强的基础性。所以，对形态的讨论就必须从形态的基本要素着手。基础形态是一切设计、造型的根本，对基础形态的创造、变化及形态与功能、构造、材料、工艺等关系的探讨与研究是基础设计的主要任务。这种观念的确立，与包豪斯的探索和实践是分不开的，在包豪斯的教学过程中，用基本的几何形态来做形态设计练习，全面探索形态变化的可能性。作为一个设计师，时时刻刻要把这些基础形态放在心里，接触到一切产品形态时，都要求能够去除非本质的东西，把形态还原为几种基本形态的组合。

点、线、面、体作为构成的基本要素，它们之间不是孤立的，而是紧密联系、不可分割的。它们之间的区别是相对的，彼此之间的性状也是相互界定的。

点的连续可以形成线的感觉，点的集合可以形成虚面或虚体，由点连成的虚线和由点集合构成的虚面、虚体，不仅有时间上的连续性，同时也给人以空间的通透感。在视觉效果上，虽然不如实线、实面的敏锐和肯定，却更富有韵律和变化。

线的排列形成面和体的感觉，平面性的线的围合给人以虚面的感觉，而立体的围合框架则形成一个虚体。这个虚的面和体与实际存在的面相比，具有灵动、通透、富于变化的特点。

面的排列形成虚体，面的围合形成体，而没有完全封闭的面的围合，与面之间有着相通性。如果围合后开口较大，就以面的特征为主了。分割立体可得到面，分割的方法不同，则得到的面的形式也不同，面的堆积又可还原为体。

点、线、面、体之间也有各自不同的特性，共同构成了丰富多彩的形态世界。点具有确定空间位置的作用，线具有贯穿空间的作用，面具有分割空间的作用，而体具有占据空间的作用。越大的点就越失去了点的特性，所以点的本质是"小"；越短的线越失去线的特性，所以线的本质是"长"；越厚的面就越失去面的特性，所以面的本质是"薄"；体的本质是占据空间。在形态构成的层次上，点、线、面、体是逐级包容的，线具有点的元素，面具有线的元素，体则有面的元素，随着形态的复杂化，表现力的丰富性也逐渐提高。

造型设计中的点、线、面、体是客观存在的，点有大小，线有宽窄、粗细，面有厚度，体有重量。当点、线、面、体这些概念的形态元素被现实化，并赋予实际的物理特性后，它们之间的区别就变得相对了。这些元素所呈现的特征，必须跟特定的环境结合起来考察。

1. 产品造型中"面上的点"

设计中的点是具有一定的形体的。线的端点或交叉点必然构成点，所以相对小单位的线或小直径的球，被认为是最典型的点。只要形体与周围其他造型要素比较时具有凝聚视觉的作用，都可以称为点。点虽小，经过不同的排列构成却能呈现出丰富的视觉意象。在产品设计中，点有各种各样的形状，通常是有序的，并以一定的规律形式排列在产品的表面上，通过疏与密的空间点的排列来满足产品造型的不同需求。与此同时，丰富而有律的点构成，能产生出层次细腻的空间感，如图6-1所示。

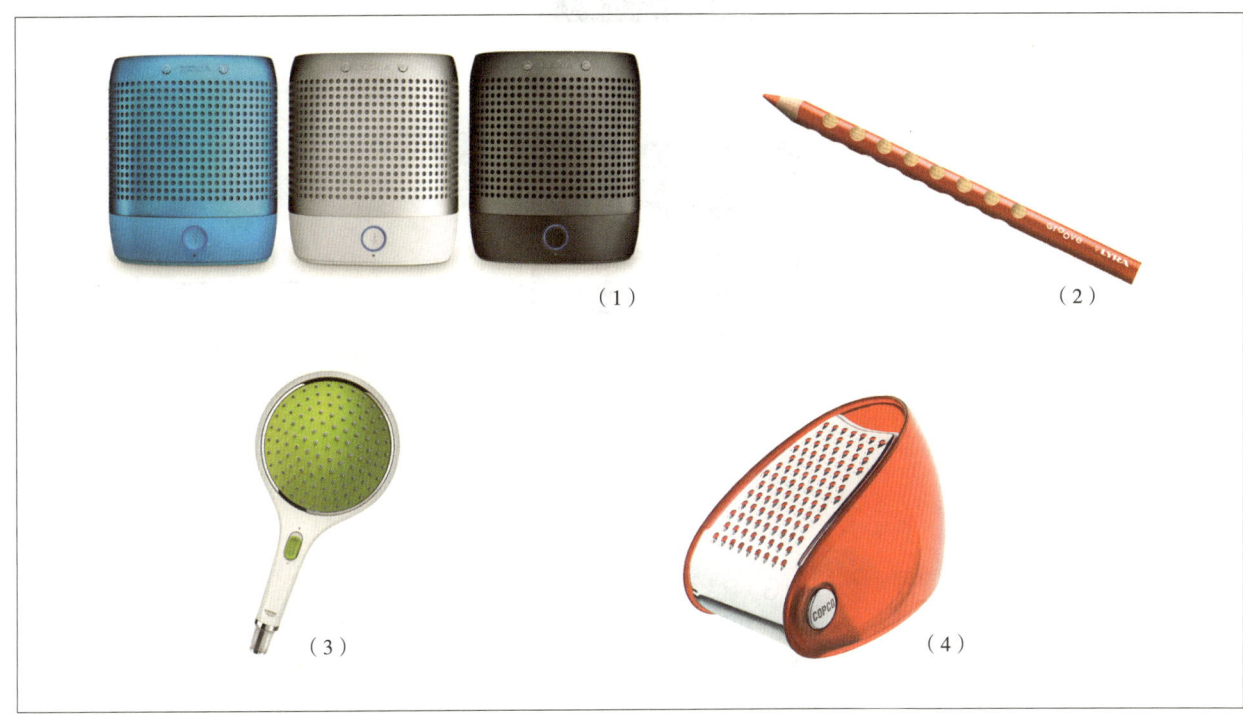

▲ 图6-1 产品造型中"面上的点"

2. 产品造型中"面上的线"

线是一切形态的代表和基础。线的表现力最丰富，它在形态要素中最为重要，很多艺术形态，都以线作为主要表现手段。因为线是由内在的点运动产生的，所以点运动的速度、强弱和方向也影响着线的表现力。点的运动速度快，强度大，形成的线就饱满而有张力；点的运动速度慢，强度弱，则容易形成感觉柔软的线。线的粗细变化对线的表现力有很大的影响。一条细的线能表现出锐利、敏感而快速的效果，一条粗的线则能显示出刚强、稳健而迟缓的特质。在产品造型中，有很多运用不同的线型对产品表面进行分割的例子，如图6-2所示。

▲图6-2 产品造型中"面上的线"

3. 造型中的"线状产品"

一切形态都有线，在很多情况下就是根据线来认识、界定形体的；对形态的把握，在很大程度上是依靠对轮廓线的提炼而获得的。有很多产品具有非常典型的"线状"的造型特征，如图6-3所示。作为设计中最基本的元素，线在产品造型中的运用比点和面更具有影响力，是运用非常频繁的造型元素。

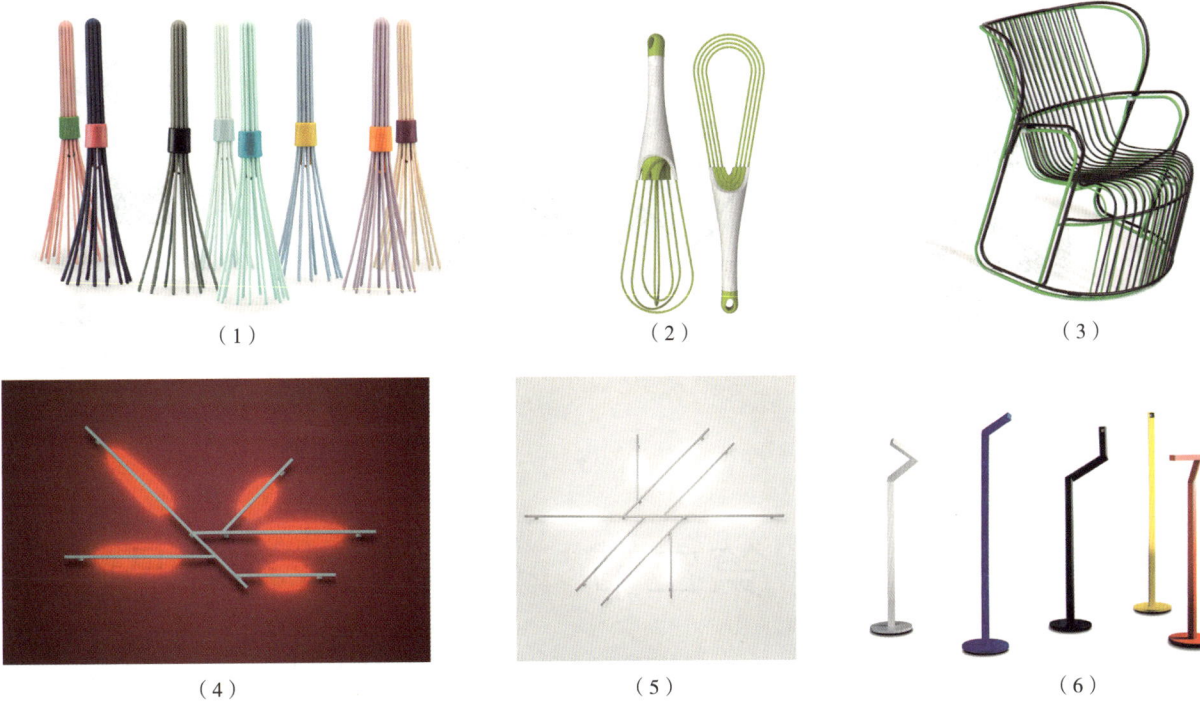

▲图6-3 产品造型中的"线状产品"

4. 产品造型中的"线与面对比"

在三维形态中，一个维度的尺度远小于另外两个维度的形体就能给人以面的感觉。由于面是由边界的线所限定的，所以面的边界线形态对面的表情有很大的影响，也就是面同时综合了线的表情。面分为平面和曲面两大类，平面具有平整、刚硬、简洁之感，曲面具有起伏、柔软、温和、富有弹性和动感的特点。设计中的面由于具有厚度，所以两个侧面的形态可以有所变化，更加丰富了面的表现力。面的情感含义是轻薄而具有延伸感，面是线与体的综合体，介于线材与块材之间。面的切口、面的边界方向有近似于线的感觉，而非边界的连续的面却给人以体的印象。所以，对于面的形态，如果处理得当的话，就能使人产生既轻盈又充实的感觉。

如图6-4和图6-5所示，剥离两个产品的功能层面来分析，它们都是以圆柱面为基本形态特征的，自动扫地机器人以封闭的面呈现，显得稳定与扎实；而电风扇则以发射状的直线来分割产品的外表面，显得通透与轻盈。这就是线与面在造型中所起到的不同作用的对比。

▲图6-4 面在造型中的作用

5. 产品造型中体的组合与切割

占据一定空间和形体的、三个维度尺度都相对较大的形态称为体。一般来说，由面构成的非封闭的形体，如果它的开口相对较小，也将之视为体。由于体的构成离不开线和面，所以体的表情在很大程度上依赖于线和面的表现力，通过体的表面的不同变化，可以形成丰富的变化。由于立体的形态是以占据空间作为主要特征的，所以无论从任何角度都可通过视觉和触觉来感知它的客观存在，体量感也就成为它最大的特性。体量感是形态表现的重要内容之一，在理解和构思时，可以从体块的组合或切割这两方面来考虑。

图6-6和图6-7中两个产品可以视为几个圆柱体的组合，在进行造型时重点要考虑的就是形体之间的过渡与衔接。图6-8中的大型工业产品颠覆了方方正正的传统刻板造型，对长方体的8个角都进行了斜切角处理，在视觉形象上缩小了产品的体量感，使产品显得既扎实又轻盈。

▲图6-5 线在造型中的作用

▲ 图6-6　圆柱体组合运用

▲ 图6-7　圆柱体组合运用

▲ 图6-8　长方体的切割运用

第二节　构成形式在产品设计中的运用

在产品设计中，有很多通风口或散热孔都会引入重复构成的设计手法，通过这样的处理方式能使产品具有高度的统一协调，形成规律的秩序美感，提高产品的辨识度；一些产品上按键和按钮的重复排列则能带来更佳的使用体验，进而有利于提高产品的使用性能，如图6-9所示。

渐变构成是循序渐进的逐步变化，在产品设计中巧妙运用渐变，能使产品造型呈现出一种有阶段性的调和秩序，会产生节奏感和韵律感，如图6-10所示。

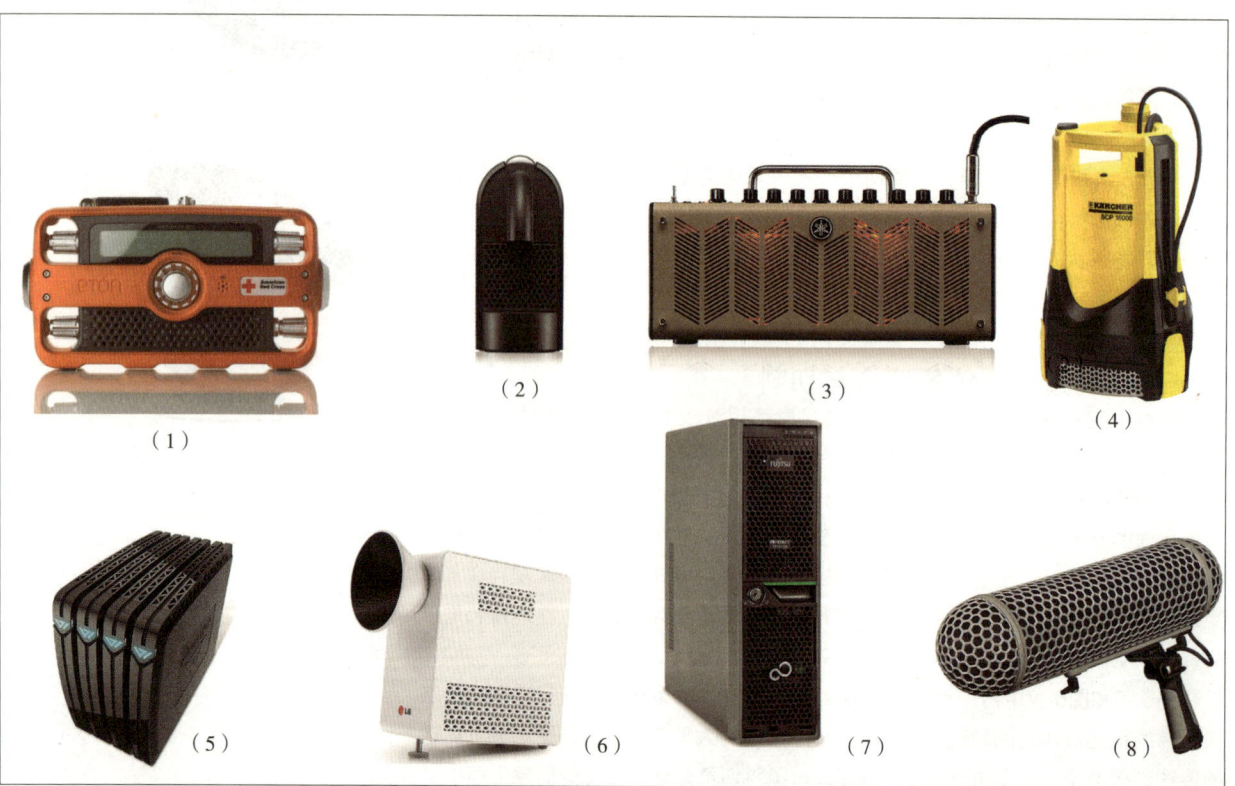
▲ 图6-9　重复构成的设计手法

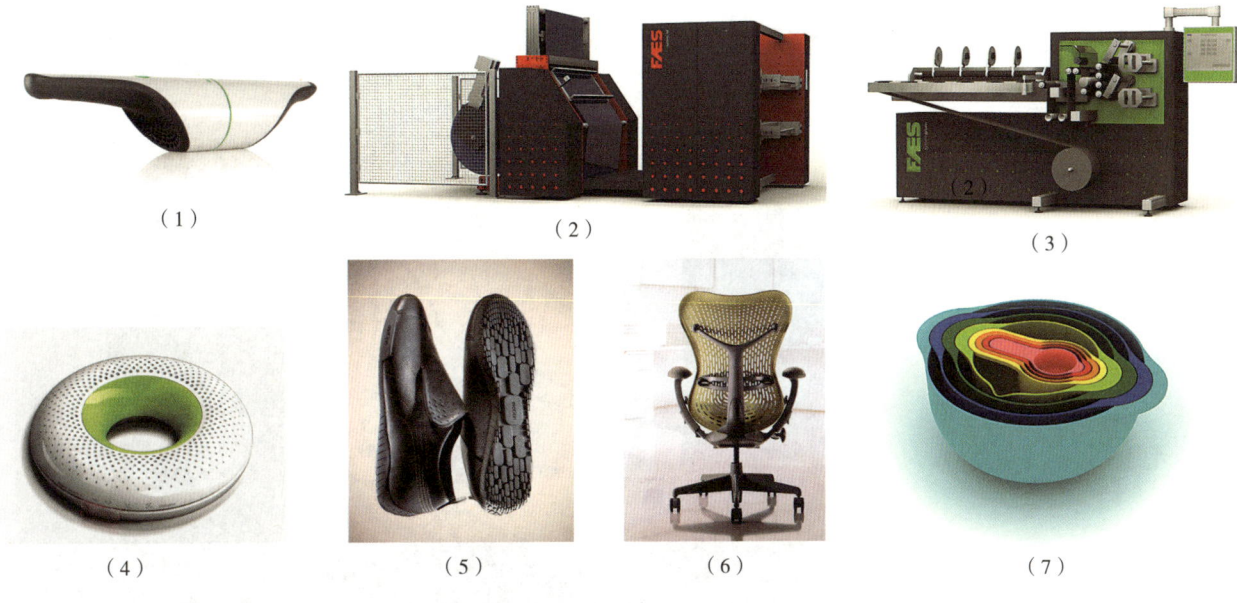

▲ 图6-10 渐变构成的设计手法

第三节 产品形态构思的平面视点

对于事物的认识有"片面"和"全面"之分,"片面"是从一个角度来看问题,而"全面"是多角度、全方位的认识事物。一般来说,一开始的认识可能"片面",对事物了解透彻了以后才能达到"全面"认识。对于形态的认知来说,也要遵循从平面形态开始然后再到立体形态的一般规律。在学习过程中,是从平面逐步走向立体的,一般都是先学习平面构成然后学习立体构成。

从形态的发展和演变来看,存在着这样的递进关系：平面→半立体→立体。"半立体"主要是指立体感不是很明显的、介于平面和立体之间的浮雕形态。如图6-11所示的产品面板；图6-12所示的墙的立面设计等。"半立体"也称为"二点五维",在本书的第四章第四节中,就有专门针对二点五维构成展开的设计实践训练。

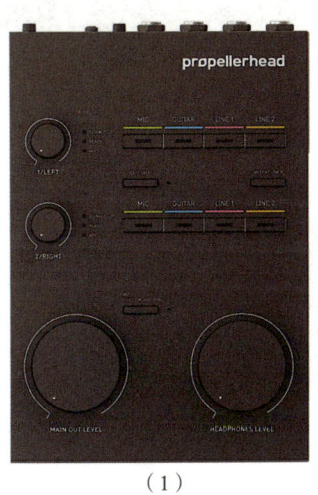（1） 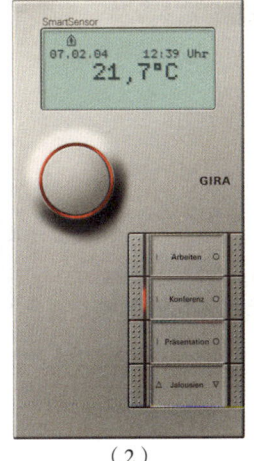（2） 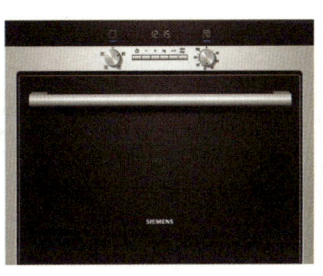（3） （4）

▲ 图6-11 产品面板

▶图6-12 墙的立面设计

在图形学中，形体是利用正投影视图来表达的。在计算机三维设计中，模型的建立常需要确定"基准面"，这对于形态的建立具有非常重要的作用。同时，在计算机三维形态的生成中，平面形态的确立也是重要的一个环节。很多情况下，对一些立体形态，往往是先确定它的"截面"，然后对"截面"沿某一路径进行拉伸，以形成形体，这在计算机辅助设计中，是一个很重要的思想和方法。

在产品和建筑设计中，也离不开平面图，平面视角的思考有着基础性的作用。用平面视图来构思设计方案，这是目前产品设计的一个重要思路与方法。虽然大部分的产品都是立体形态的，但是在很多情况下产品的形体往往能区分出一个一个的面，而且很多产品并不是每个面都一样，总会有一个或者几个面是最主要的。这样对于其中某个面的设计，就带有很强的平面特点，尤其是类似于影碟机、微波炉之类产品的面板设计，如图6-13所示。这种方式对于考虑产品形态的细节和布局非常有利，而且便于沟通。

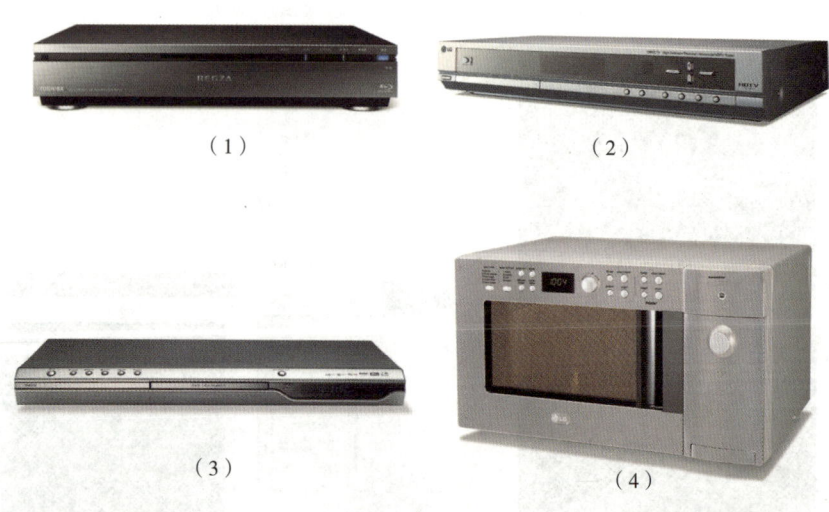

▲图6-13 产品的面板设计

参考文献

1. 何人可. 工业设计史. 北京：高等教育出版社，2010.
2. 吴永健、王秉鉴. 工业产品形态设计. 北京：北京理工大学出版社，2003.
3. 周艳芳. 立体构成设计. 哈尔滨：哈尔滨工业大学出版社，2009.
4. 周艳芳. 色彩构成设计. 哈尔滨：哈尔滨工业大学出版社，2008.
5. 朝仓直巳. 艺术·设计的立体构成. 北京：中国计划出版社，2000.
6. 朝仓直巳. 艺术·设计的色彩构成. 北京：中国计划出版社，2000.
7. 朝仓直巳. 艺术·设计的平面构成. 北京：中国计划出版社，2000.
8. 王树琴. 立体构成设计教程. 北京：人民邮电出版社，2011.
9. 姜黎. 三维形态设计基础. 沈阳：辽宁美术出版社，2014.
10. 张殊林. 构成——平面构成. 北京：高等教育出版社，2010.
11. 张殊林. 构成——色彩构成. 北京：高等教育出版社，2010.
12. 张殊林. 构成——立体构成. 北京：高等教育出版社，2010.
13. 蒋弘烨. 平面构成与立体构成. 北京：中国电力出版社，2015.
14. 朱书华. 构成设计基础. 北京：中国轻工业出版社，2013.
15. 赖小娟. 色彩构成. 北京：北京理工大学出版社，2008.
16. 王安霞. 构成设计. 武汉：武汉理工大学出版社，2008.
17. 陈震邦. 工业产品造型设计. 北京：机械工业出版社，2014.
18. 李锋. 从构成走向产品设计. 北京：中国建筑工业出版社，2009
19. http://news.socang.com/topics/bauhaus/
20. http://vr.theatre.ntu.edu.tw/fineart/
21. http://en.red-dot.org/